Research on Household Financial Leasing in China

中國家庭
金融租賃研究

甘梨、王紹文 / 主編

財經錢線

序　言

　　金融租賃當前在世界各地迅猛發展，已經成為與銀行、保險、證券、信託等並駕齊驅的重要金融產業，被譽為「朝陽產業」和「新經濟促進者」。中國的金融租賃雖然於改革開放初期才起步，但經過30多年的發展，也已經成為金融市場和實體經濟發展的重要動力之一，在優化資源配置、促進產業升級、實現經濟持續增長等方面發揮著重要作用。

　　自起步以來，中國金融租賃行業的服務覆蓋面不斷拓寬，但目前絕大多數業務集中在飛機、船舶、軌道交通、信息通信等大型設備投資領域，業務同質化現象嚴重。而家庭作為重要的市場主體和消費金融活動的參與者，還未能充分享受到金融租賃的相關服務。隨著國民收入的提高，消費金融領域的市場潛力巨大。因此，如何發揮金融租賃在優化家庭資產配置，降低家庭負債槓桿，重構家庭資產負債表，轉變家庭消費理念，倡導金融租賃消費文化等方面的作用，通過由買而租促進家庭消費升級，形成新型家庭金融租賃生態圈，成為亟待解決的問題。有鑒於此，本書將對家庭金融租賃這一新興領域進行詳細的研究和探討。

　　本書內容主要分為五個章節，各章節主要內容如下：

　　在第一章，我們將闡述金融租賃的基本概念、發展歷程、主要類型以及中國相關行業的發展現狀。這一章將幫助讀者理解整個金融租賃行業的框架和脈絡，為讀者理解後續的內容提供必要的知識儲備。

在第二章，我們將結合國家統計部門以及西南財經大學中國家庭金融調查與研究中心的相關數據，從宏觀和微觀上分析中國家庭在收入、資產、負債和消費等方面的現狀和問題。這一章為發展家庭金融租賃的必要性和重要性提供了事實基礎和數據支撐。

在第三章，我們將回顧和總結經濟學中有關家庭金融租賃的基礎理論，包括消費理論、交易成本理論和信息不對稱理論等。這一章為本書後續的理論創新提供了必要的引導和鋪墊。

在第四章，我們基於現代經濟學和金融學的視角，比較了金融租賃和分期付款兩種信貸消費方式的異同。這一章從理論上豐富和發展了家庭金融租賃的分析框架，為後續研究提供了全新的理論視角。

在第五章，我們總結了發展新經濟背景下中國家庭金融租賃發展的思路及路徑，中國家庭金融租賃研究中心的實踐與研究基礎上，從多個方面闡述了發展中國家庭金融租賃的意義，並以住房和汽車為例介紹了目前家庭金融租賃的相關業務和模式，為中國家庭金融租賃實務的發展提供了借鑑和參考。

要大力發展中國家庭金融租賃市場，提升家庭金融租賃產品競爭優勢，就必須探索適合中國國情的家庭金融租賃發展理論，並進而指導企業實踐。本書是在這方面進行創新的嘗試，也是我們關於家庭金融租賃研究的初步成果。本書的研究和出版獲得了教授，以及研究助理陳正寅、李徵昊、傅清、曹昕弈、張瀟雪、王子豪的大力支持和幫助，在此一併致謝。後續我們計劃在此基礎之上推出更多更新的研究成果，為家庭金融租賃行業的理論研究和實務發展貢獻力量。由於對該領域的研究較少，相關實踐也較為缺乏，書中疏漏和不足在所難免，懇請廣大讀者能給我們提出寶貴意見，以便我們不斷改善。

編者

目 錄

第一章 金融租賃概述 / 1

第一節 租賃的概念 / 1
一、租賃的起源和發展 / 1
二、租賃的定義 / 3

第二節 金融租賃的界定和功能 / 6
一、金融租賃的具體界定 / 6
二、金融租賃的功能定位 / 8

第三節 金融租賃的發展 / 10
一、國際金融租賃發展的主要階段 / 10
二、中國金融租賃的歷史發展 / 12

第四節 金融租賃的主要類型 / 14
一、按經營方式劃分 / 14
二、按融資風險程度劃分 / 16

第五節 金融租賃的風險管理 / 18
一、金融租賃的五大風險 / 18
二、主要風險管理措施 / 20

第六節　中國金融租賃發展現狀 / 22

　　一、國際比較 / 22

　　二、金融租賃機構數量 / 23

　　三、金融租賃公司類型 / 24

　　四、金融租賃主要業務領域 / 24

第二章　中國家庭金融研究 / 26

第一節　中國家庭收入和財富分析 / 26

　　一、居民收入 / 26

　　二、居民財富 / 28

　　三、居民資產結構 / 30

　　四、中國家庭金融資產配置 / 32

　　五、中國家庭負債 / 33

第二節　中國家庭消費研究 / 36

　　一、居民消費分析 / 36

　　二、居民信貸消費特徵 / 38

第三節　中國家庭消費存在的問題及其原因 / 41

　　一、中國家庭消費困境 / 41

　　二、制約中國居民消費增長和升級的因素 / 45

第四節　本章小結 / 49

第三章　家庭金融租賃的基礎理論綜述 / 50

第一節　經濟學消費理論 / 50

　　一、消費總量理論 / 51

　　二、消費結構理論 / 58

第二節　家庭金融租賃發展的金融學理論 / 62

　　一、金融租賃與交易成本 / 63

二、金融租賃與信息不對稱 / 64

第三節　金融租賃文獻綜述 / 65

一、國外文獻綜述 / 65

二、國內文獻綜述 / 66

第四章　發展中國家庭租賃的理論分析 / 69

第一節　金融租賃與分期付款動態博弈模型分析 / 69

一、金融租賃和分期付款情況下的等期望支出 / 69

二、金融租賃和分期付款情況下的等預期利潤 / 72

三、基準模型分析 / 74

四、比較靜態分析 / 76

第二節　基於金融學視角的租購綜合模型分析 / 78

一、傳統的現金流差異視角 / 78

二、租賃合約隱含的期權價值視角 / 79

三、離散選擇模型視角 / 81

第五章　發展新經濟背景下中國家庭金融租賃發展思路及路徑 / 90

第一節　發展中國家庭金融租賃的意義 / 90

一、家庭金融租賃對中國居民消費的促進作用 / 90

二、家庭金融租賃與普惠金融 / 93

三、家庭金融租賃與流動人口 / 98

四、家庭金融租賃與消費升級 / 100

第二節　發展新經濟背景下家庭金融租賃的發展路徑
　　　　——以住房租賃和汽車租賃為例 / 101

一、中國住房租賃 / 102

二、汽車金融租賃 / 109

參考文獻 / 114

第一章　金融租賃概述

第一節　租賃的概念

一、租賃的起源和發展

租賃是一項歷史悠久的商業活動，它的歷史可以追溯到 4,000 多年前的原始社會時期。人們把各自的閒置物品用於交換，使用後再歸還，而不必轉讓該物品給對方。這就形成了最為原始的租賃形態[1]。在中國歷史上，有文字記錄的租賃可追溯到西周時期。《衛鼎（甲）銘》曾記載，邦君厲把周王賜給他的五田出租了四田。這是中國最早的土地出租的例子[2]。在國際上，英國學者 T. M. Clark 對於租賃的起源有這樣的論述：「租賃有悠久的歷史。公元前 2000 年前古代亞洲巴比倫地區幼發拉底河下游居住的蘇美爾族就租賃貨物。羅馬人從事租賃的規模在東羅馬優斯丁尼安皇帝（公

---

[1] 王豫川. 金融租賃導論 [M]. 北京：北京大學出版社，1997：1.
[2] 張晉藩. 中國法制史 [M]. 北京：群眾出版社，1982：42.

元 527—565 年，法典創始人）法典匯編中已有詳細條文明文規定。」① 歷史上著名的古巴比倫國王漢謨拉比（公元前 1792—前 1750 年）頒布的《漢謨拉比法典》中對土地做出如下規定：「租賃未經開墾之土地三年，以為耕作，而怠於實施其工作者：應予第四年開墾之，犁鬆播種，還諸地主。」② 早期的租賃主要是社會生產力發展、財富產生剩餘的結果。但這一時期的租賃具有很強的偶然性和短暫性，是單純的融物行為。總而言之，人們將出租物的所有權和使用權分離，且在所有權不發生轉移的情況下，讓渡出租物的使用權，並以此獲取額外價值或報酬。這就是租賃有別於其他商業活動的主要特徵。

人類社會進入資本主義階段後，由於社會生產力不斷提高，社會化生產規模不斷擴大，作為重要經營方式的租賃也獲得了長足發展。特別是 19 世紀以後，基於資本主義生產關係的近代租賃制度逐漸發展起來，不但租賃的範圍從最初的土地擴大到基礎設施、生產設備和日常生活用品，租賃的形式也從單一的物品交換向抽成租賃、購買租賃等多元方式轉變。英國是最早發生產業革命的國家，也是近代設備租賃業的發源地。比較經典的近代租賃案例是 1831 年英國法院的一個租賃糾紛案件：一個為期五年，從 1824 年 2 月開始，每年租金 7.5 幾尼（舊英幣）的四輪馬車的租賃③。除此以外，英國東南鐵路公司的鐵路租賃和美國貝爾電話公司的電話租賃都是近代租賃在資本主義社會蓬勃發展的典型代表。正是由於租賃深入大眾生活的各個領域，人們對租賃的價值的認知才得到了空前的發展。這無疑為此後以融資租賃為主的現代租賃奠定了重要的發展基礎，發揮了承上啓下的關鍵作用。

---

① CLARK. 租賃 [M]. 羅真瑞，李增德，湯秀珍，譯. 北京：中國物資出版社，1984：1.
② 宋麗麗. 國際融資租賃法律問題研究 [D]. 大連：大連海事大學，2007：23-30.
③ CLARK. 租賃 [M]. 羅真瑞，李增德，湯秀珍，譯. 北京：中國物資出版社，1984：3.

現代租賃業興起於二戰之後的美國。二戰以後，由於美國出現工業化生產過剩，生產廠商為了推銷自己的產品，開始為用戶提供金融服務，即以分期付款、寄售、賒銷等方式銷售自己的產品。1952年在美國成立的世界第一家融資租賃公司——美國租賃公司（現更名為美國國際租賃公司），開了現代租賃的先河。自此，租賃就進入了一個集融物和融資於一體的具有金融屬性的商業發展新階段。對於生產企業來說，金融租賃在擴大了產品銷售渠道的同時，也保證了資金的回收安全；對於客戶來說，金融租賃在保證產品使用的條件下，也解決了資金融通的需要；對於向租賃公司提供資金的金融機構（主要是銀行）來說，金融租賃不但增加了其金融產品的多元化，也有效地降低了資金風險，因為租賃比直接的企業貸款更為安全、可靠。金融租賃如此一舉多得，因此備受人們青睞。20世紀60年代初，金融租賃業務首先由美國擴展到歐洲、日本和澳大利亞。20世紀70年代融資租賃開始在東南亞等的國家和地區出現並發展，直到20世紀80年代初金融租賃才被中國作為一種利用外資的形式引進國內。根據《世界租賃年報》的數據，金融租賃目前已成為僅次於銀行信貸的第二大融資方式。

二、租賃的定義

如上文所述，租賃是指在約定的期限範圍內，出租人將租賃物使用權轉讓給承租人，並以此獲取租金的一種交易方式。租賃主要有以下兩個特徵：①租賃物的使用權而非所有權的轉移；②租賃物使用權的轉移是有償轉移，即以租金作為代價。租賃過程中，租賃各方均按合同約定來履行和保障各自的權、責、利。

租賃的分類見圖1-1。

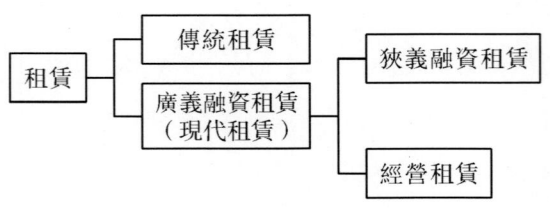

圖 1-1　租賃的分類

（一）傳統租賃

傳統租賃，出現在人類社會早期，它是單純的租賃物使用權有償轉移，也就是物品所有人出租實物，然後由使用人即承租人支付租金，取得物的使用權，其他的經濟媒介不介入。傳統租賃產生的時間比較早，使用週期長，適用範圍廣，在各種經濟類型的社會中都有傳統租賃的痕跡。在中國，傳統租賃也是一種非常普遍的租賃方式，從小的生活物品到大宗的不動產，如房屋、土地，都是傳統租賃的交易標的。隨著經濟發展，傳統租賃的原始交易方式逐漸顯出內容單一、形式僵化的特點。為了適應現代經濟的發展，滿足社會金融需求，現代租賃在傳統租賃的基礎上孕育而生，且已在多個領域廣泛應用。

（二）廣義融資租賃（現代租賃）

廣義融資租賃，也稱為現代租賃，是指出租人根據承租人和供應商的選擇，從供應商處取得租賃物後，將租賃物出租給承租人，並向承租人收取租金的交易活動。租賃期屆滿時，承租人可以選擇續租、留購或返還租賃物。廣義融資租賃又包含狹義融資租賃和經營租賃這兩種具體形式。

（1）狹義融資租賃（Financial Lease），也叫金融租賃①，是指出租人以融資方式購買承租人所選定的租賃物，然後以收取租金為條件，將該租賃物出租給承租人的租賃方式。在此類租賃方式下，出租人先為承租人墊付購買租賃物所需的資金，然後從承租人那裡通過租金方式收回本金。同時，出租人向承租人轉移租賃物的全部風險和收益。承租人向出租人支付的租金不僅包括墊付資金，也包括墊付資金所需的成本和費用，以及出租人的利潤。

（2）經營租賃（Operating Lease）是指為滿足企業或個人經營需求而對租賃物進行租賃的行為。在經營租賃方式下，承租人既不實質性承擔租賃物的風險與收益，也不取得租賃物的剩餘價值。因此，狹義融資租賃和經營租賃的本質區別就是出租人是否向承租人轉移了租賃物的全部風險和收益。

（3）狹義融資租賃和經營租賃的主要區別如表1-1所示。

表1-1　　　　　　　　狹義融資租賃和經營租賃的區別

區別	狹義融資租賃	經營租賃
租賃目的	融資，承租人擁有租賃物使用權，租賃期滿後可獲得所有權	承租人僅擁有租賃物使用權
交易業務	融資、融物	融物
風險及收益權屬	承租人	出租人
當事人	出租人、承租人、供貨人	出租人、承租人

---

① 「Financial Lease」可翻譯成「金融租賃」，也可以翻譯成「融資租賃」。在中國，融資租賃和金融租賃在業務操作上並無實質差別，但是在性質、產業劃分、監管部門、監管方式等方面存在不同。金融租賃公司是金融機構，由銀監會批准設立並受其監管，並且只有金融租賃公司才可以在公司名字中冠有「金融」二字。其成立難度大，監管要求高，且只能在監管部門批准的信貸規模範圍內開展業務活動。融資租賃公司是非金融機構，由商務部進行前置審批和監管。監管部門按照不允許開辦金融業務的方式對租賃公司的經營行為進行監管。因此融資租賃公司不得從事吸收存款、發放貸款、受託發放貸款、同業拆借等金融業務。由於本書主要探討金融租賃的業務操作，故「金融租賃」和「融資租賃」兩詞交替使用。

表1-1(續)

區別	狹義融資租賃	經營租賃
合同類型	租賃合同、買賣合同	租賃合同
餘值歸屬	出租人或承租人	出租人

第二節　金融租賃的界定和功能

一、金融租賃的具體界定

金融租賃的界定在國內外主要是從會計準則和法律法規兩個維度展開。《國際會計準則第17號——租賃會計》（IAS 17）第三條對金融租賃做出如下定義：「金融租賃，是指實質上將與一項資產的所有權有關的全部風險和報酬轉移的租賃。該所有權最終可能轉移也可能不轉移。」[1] 第八條定義了金融租賃的四個基本特徵：「①在租賃期滿時將資產的所有權轉讓給承租人；②承租人具有購買資產的選擇權，其購買價格預計將顯著低於行使該選擇權之日的該資產的公允價值，並且在租賃開始日就可以合理地肯定承租人將行使該購買權；③租賃期占了資產使用年限的大部分時間，資產的所有權最終可能發生轉移，也可能不發生轉移；④在租賃開始日，租賃最低付款的現值實際上大於或等於租賃資產的公允價值減去出租人應收到的各種補助金和稅款減免後的淨額，資產的所有權最終可能發生轉移，也可能不發生轉移。」只要租賃符合以上特徵之一，就屬於金融租

---

[1] 該定義與中國會計準則《企業會計準則第21號——租賃》第二章第五條的定義類似。有關中外會計準則對於融資租賃定義的區別，參考自：陳薇. 中國會計準則與國際會計準則關於融資租賃的比較 [J]. 中國經貿，2017（9）：181-182.

賃。國際會計準則的定義特別強調了租賃資產的經濟所有權（所有權的風險和報酬），而非法律意義上說的名義所有權①。準則還規定金融租賃以外的租賃都是經營租賃②。

從法律法規的角度來看，金融租賃的權威定義出現在 1988 年 5 月加拿大渥太華召開的國際外交會議。國際統一私法協會（International Institute of the Unification of Private Law，UNIDROIT）制定的《國際統一私法協會國際融資租賃公約》（UNIDROIT Convention on International Financial Leasing）第一條就明確定義了金融租賃：出租人依照承租人提供的規格要求，與第三方（供應方）簽訂供貨協議，據此協議，出租人獲取機器、資本品或其他設備；同時出租人與承租人簽訂一項租賃協議，以承租人支付租金為條件授予承租人使用機器設備的權利。該公約對金融租賃的特徵進行了明確的說明：①承租人指定設備和選擇供應商，而不需要依賴出租人的技能和判斷；②出租人獲取的設備須與租賃協議相對應，且供應商知曉該協議已經或者將要在出租人和承租人之間簽訂；③租賃協議下的應付租金測算應該考慮到全部或者大部分設備成本的攤銷③。在中國，《中華人民共和國合同法》第十四章第二百三十七條對融資租賃合同規定如下：「融資租賃合同是出租人根據承租人對出賣人、租賃物的選擇，向出賣人購買租賃物，提供給承租人使用，承租人支付租金的合同。」2007 年中國銀監會頒布實施的《金融租賃公司管理辦法》第三條對金融租賃的定義是：「出租人根據承租人對租賃物和供貨人的選擇或認可，將其從供貨人處取得的租賃物

---

① 馬麗娟. 信託與融資租賃［M］. 3 版. 北京：首都經濟貿易大學出版社，2016：37.
② 2016 年 1 月 13 日，國際會計準則委員會（IASB）頒布了新的租賃準則《國際財務報告準則第 16 號——租賃》（IFRS 16）。新的租賃準則將於 2019 年 1 月 1 日生效，以替換現行的《國際會計準則第 17 號——租賃》（IAS 17）。在新的會計準則下，租賃將不再區分金融租賃和經營租賃。
③ 陳薇. 中國會計準則與國際會計準則關於融資租賃的比較［J］. 中國經貿，2017（9）：163-164.

按合同約定出租給承租人佔有、使用，向承租人收取租金的交易活動。」

由此可見，金融租賃的實質是以「融物」為手段達到「融資」的目的，具有融物和融資的雙重功能。這樣在同一金融租賃交易中，既有資本貨物的買賣，又有以該物品為租賃物的租賃交易。簡而言之，金融租賃的商業模式可以歸納為：一個標的，兩個合同，三方參與，四個支柱。

一個標的：租賃物是融資租賃業務形成的主要因素。沒有具體的場景和租賃物，則融資租賃業務不成立。租賃物可以是機器設備、不動產、無形資產等。

兩個合同：兩個合同是指融資租賃合同以及租賃物的購銷合同。租賃合同明確了融資收益，規定了出租人和承租人之間的權利和義務，而租賃物的購銷合同則明確了出租人、供貨商以及承租人三方的權利和義務。

三方參與：整個租賃交易過程涉及三方參與者——承租人、出租人以及供貨商。三方參與者的權利和義務在兩個合同中交叉體現，但三者的角色也可以相互轉換。例如，在售後回租中，承租人也是供貨商；轉移租賃中，承租人也是出租人。

四個支柱：融資租賃行業需要依靠法律法規的保護、會計準則的界定、稅收優惠的鼓勵以及監管制度的執行這四個支柱才能健康發展。

二、金融租賃的功能定位

金融租賃是一個多方共贏的金融業務，為承租人、租賃公司和產品生產商三方參與者均帶來諸多利益。

（一）金融租賃對於承租人的益處

（1）緩解流動性約束。承租人通過租賃，不需要支付全款甚至首付，就可以獲得產品在一定時期內的使用權，極大地節約了資金成本。特別是對於融資難、融資貴的中小企業和個人來說，融資租賃是一種除了傳統融

資手段（貸款或者發行股票）以外的最佳融資方式。

（2）程序簡便，信用要求相對較低。由於租賃物品本身即可作為抵押物，承租人往往並不需要提供額外的擔保或抵押，這樣可以省去大量的評估時間和繁瑣的擔保手續。

（3）期末可以靈活處置租賃產品，節約再次交易的成本。它為承租人處置產品提供了更多的選擇權。租賃期結束後，承租人可以選擇退還產品結束合約，不需要自行處置或通過二手市場再次交易。承租人也可以支付少量尾款獲得產品所有權，或更換合約租賃新的產品。

（4）降低產品維護成本。租賃合約中出租人一般會提供包括產品保養和維修等在內的打包服務，降低了客戶在使用過程中的維護成本。

（5）持續獲得高質量消費體驗。通過持續的租賃行為，消費者可以以較低成本不斷使用高質量的新產品，縮短消費升級的時間，獲得更高的消費體驗。

（二）金融租賃對於出租人的益處

（1）形成持續的贏利能力。租賃公司可以通過租賃利息和手續費賺取利潤。針對到期收回的租賃產品，通過維修和翻新，租賃公司可進行再次出租或銷售，保持贏利的連續性。

（2）風險保障程度較高。在租賃期內，租賃公司擁有租賃物的所有權，若發生承租人違約的情況，租賃公司可以解除租賃合同，收回產品。由於租賃合同往往會設置一些條款保護產品在租賃期間的價值（例如，汽車租賃合同對汽車每年的行駛里程設置上限），租賃產品的抵押價值受到更多保護。

（3）有利於分散風險。家庭租賃業務的客戶，租賃金額往往相對較小，但客戶數量較大，因此租賃公司面對的客戶違約風險相對分散，少部分客戶的違約行為對於公司的整體影響可控。

（4）擴大客戶群。由於租賃品本身可以作為抵押物，租賃公司可以接受更低的首付和押金，對客戶的信用要求也更低，因此潛在的客戶群體龐大，可作為直接銷售渠道的重要補充。

（三）金融租賃對於生產商的益處

（1）節約銷售成本，提高銷售速度，擴大銷售數量，緩解庫存壓力。與租賃公司合作，生產的潛在客戶群體得到擴大，銷售渠道增加，資金回籠速度變快，因而生產商可以更加集中精力專注於生產研發工作，提高產品質量。

（2）提高客戶忠誠度，提升品牌價值。租賃客戶往往會產生持續租賃的行為，生產商可以在這一過程中為老客戶持續提供相關產品，鎖定客戶，增強品牌辨識度。

第三節 金融租賃的發展

一、國際金融租賃發展的主要階段

正如其他新生事物一樣，融資租賃也經歷了從簡單到複雜，從萌芽到成熟的發展階段。根據美國著名租賃專家蘇迪爾・阿曼波的五階段論，融資租賃可分為五個階段[1]：簡單租賃階段、創新租賃階段、經營租賃階段、新產品租賃階段以及成熟租賃階段。具體來說各階段特點如下[2]：

（1）簡單租賃階段（Simple Finance Lease）：租賃的主要目的是銷售和

---

[1] 蘇迪爾・阿曼波先生實際將租賃分為六個階段，但由於第一階段為傳統租賃（Rental）階段，因此廣義融資租賃的第一階段應從「簡單租賃階段」開始論述。

[2] 宋麗麗. 國際融資租賃法律問題研究［D］. 大連：大連海事大學，2007：23-30.

融資，類似於銀行信貸。融資的最初業務方式主要為直租。在該階段，追求租賃物的最終所有權仍是承租人的主要目的，租賃僅僅是一種單純的融資手段。因此，承租人的信用風險就成為出租人的首要關注點。從世界範圍來看，洪都拉斯、俄羅斯、泰國和中國目前正處於這一發展階段。

（2）創新租賃階段（Creative Finance Lease）：此階段的租賃仍以融資為主要目的，但租賃方式開始創新，除直租外，出現了轉租、回租、聯合租賃、槓桿租賃等。該階段最主要的特徵是，租賃物殘值處理的選擇權及靈活的還租方式開始出現。同時，大眾和企業開始廣泛參與到租賃市場裡，租賃佔有率和滲透率迅速擴大。政府監管部門也開始出抬各種規章制度鼓勵其更快更好的發展。阿曼波認為哥倫比亞和巴基斯坦均處於該發展階段。

（3）經營租賃階段（Operating Lease）：經營性租賃是伴隨著租賃市場競爭加劇而出現的，租賃期末留有資產餘值（現值超過公允價值的10%），餘值風險由出租人來承擔。正因如此，租賃物在出租期期末的殘值處理方式呈現多元化特徵，如留購或續租。同時，能夠滿足出租人管理租賃物殘值風險需求的二手貨市場正在或者已經形成。

（4）新產品租賃階段（New Product）：各種融資租賃形式與金融創新有機結合形成融資租賃的諸多新產品，如租賃投資基金、項目租賃、風險租賃、租賃資產證券化、租賃保理、SPV等。這一階段最主要的特徵是出租人通過尋求成本更低的資金來源，提高資產的流動性，以確保出租人的競爭力。

（5）成熟租賃階段（Maturity）：此階段是租賃市場的成熟階段，租賃滲透率為30%左右，租賃產品差異變得很小，出租人開始通過加快辦理租賃業務手續和提高資金融通速度、提高服務水準、加強內部管理、降低費用、增加收入等手段保持贏利，這一階段最大的特徵是出現租賃公司併

購，重整組合，形成優勝劣汰的市場格局。阿曼波認為美國已在 1995 年進入了租賃成熟期。

二、中國金融租賃的歷史發展

伴隨著對引進外資和技術的強烈需求，中國的金融租賃業在 20 世紀 80 年代初開始萌芽。30 多年來，行業經歷了從無序發展到嚴厲整頓、從收縮陣痛再到逐步恢復的過程。特別是最近幾年，隨著業務需求的不斷增長和監管部門的政策鼓勵，整個行業進入又一輪的快速發展期。總體而言，融資租賃業的歷史發展可以劃分為以下四個時期：快速成長和發展時期（1981—1987 年）、行業整頓和清理時期（1988—1998 年）、法制規範時期（1999—2007 年）以及再度擴張迅速發展時期（2007 年以後）。

(一) 快速成長和發展時期（1981—1987 年）

改革開放初期，為了引進外資，中國第一家租賃公司——東方租賃有限公司在北京成立。自此以後，融資租賃在中國蓬勃發展。同時，中國人民銀行開始逐步加強融資租賃公司的管理和審批，國有的融資租賃公司、非銀行金融機構、銀行和信託投資公司也開始逐步開展融資租賃業務。這一時期融資租賃行業的主要特點表現為政策引導和快速發展。

(二) 行業整頓和清理時期（1988—1998 年）

1988 年租賃行業發展到第一次頂峰後，隨著宏觀經濟政策的調整以及國家銀根的緊縮，租賃滲透率首次出現下滑。進入 20 世紀 90 年代以後，情況得到改善。1990—1992 年租賃額逐步上升，1992 年租賃額和租賃滲透率重新創造歷史新高。然而一年以後，國家的會計體制於 1993 年出現重大改革，許多租賃的稅收優惠政策被取消，從此租賃行業業績年年下滑。直到 1996 年，國家稅制給租賃行業在技術改造項目中開了加速折舊的口子，租賃業才暫時停止了下滑的趨勢。1997 年，國外的一些 IT 產業的廠商加

入中國的融資租賃行業，為中國租賃行業帶來全新的租賃理念和經營模式。特別是隨著租賃設備向IT設備的轉移，國內租賃公司開始向電信行業進軍，中國租賃業迎來新的發展機遇。

（三）法制規範時期（1999—2007年）

在此發展階段，租賃行業的外部環境得到顯著改善。1999年6月，中國人民銀行組織研討租賃行業的困境、發展和出路。在之後的兩年內，針對租賃行業，政府多個部門在法律、監管、會計準則等方面出抬了相應的法律法規，租賃公司的融資功能與資產管理功能得以改善和強化。從行業格局上看，租賃公司也開始大分化、大改組，特別是一些資產不良的公司被淘汰。2001年是租賃公司的重組年，行業經過多年的改革和發展後，進入了創新租賃的新時代。

（四）再度擴張迅速發展時期（2007年以後）

在這一時期，融資租賃行業的主要特點表現為多元化、規模化與政策支持。①多元化：2008年，5家銀行系融資租賃公司獲準啟動；2010年，中石油獲準組建融資租賃公司，成為國內首家由產業類企業控股的融資租賃公司。各類背景的融資租賃公司層出不窮。②規模化：中國融資租賃交易規模高速增長，總規模在2011年躍居世界第二。③政策支持：2012年，上海、北京、江蘇等十個省份啟動融資租賃「營改增」稅收政策試點。2013年12月中旬，財政部、國家稅務總局對售後回租等業務稅收政策進行調整，保證了售後回租業務的穩步發展。2015年，國務院常務會議確定加快融資租賃和金融租賃行業發展，更好服務實體經濟。至此，融資租賃行業迎來了再度擴張發展時期。

第四節　金融租賃的主要類型

一、按經營方式劃分

按經營方式，金融租賃可劃分為直接租賃、轉租賃和售後回租三種類型。

（一）直接租賃

直接租賃是融資租賃業務的傳統形式，即由銀行或融資租賃公司籌措資金直接從供貨商購進租賃物，然後租給承租人使用的一種租賃模式。其本質是出租人直接向承租人提供相當於購置設備資金的全額貸款，但出租人以自己的信譽籌措資金並承擔相應風險。直接租賃一般包括兩個合同：一個是由出租人和承租人簽訂的租賃合同，另外一個是由出租人與供貨商簽訂的銷售合同（見圖 1-2）。

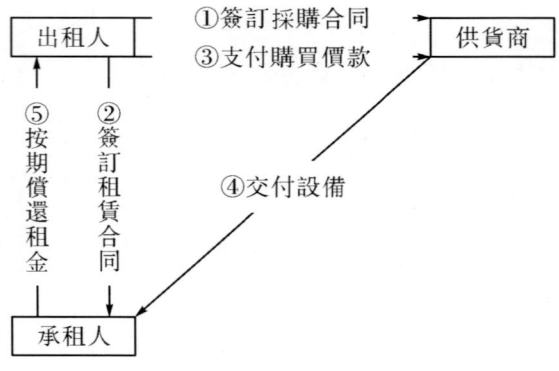

圖 1-2　直接租賃

(二) 轉租賃

轉租賃是指承租人先以第一承租人的身分向租賃公司或廠商（第一出租人）租進租賃物，然後再以第二出租人的身分把租賃物轉租給第二承租人的一種租賃方式。轉租賃是以同一物件為租賃物的多次融資租賃業務。在轉租賃業務中，上一租賃合同的承租人同時又是下一租賃合同的出租人，稱為轉租人。轉租人通過收取租金差獲取利益（見圖 1-3）。

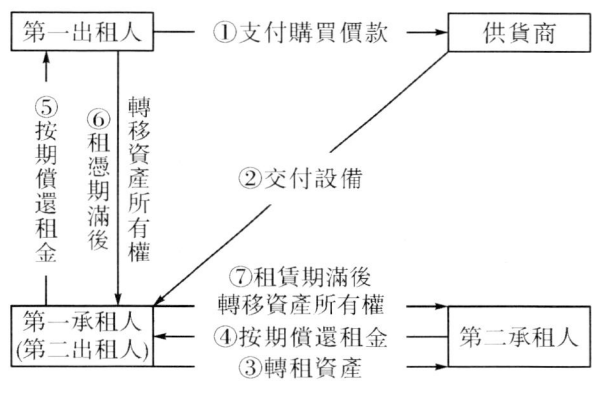

圖 1-3　轉租賃

(三) 售後回租

售後回租是指承租人將自有物件出賣給出租人，同時與出租人簽訂融資租賃合同，再將該物件從出租人處租回的融資租賃形式。售後回租業務是承租人和供貨人為同一人的融資租賃方式。售後回租具有較強的融資功能，是一種改善企業財務狀況的快捷方式。回租這種交易方式的目的，是在不改變企業資產規模和不影響既有實體資產使用和收益的前提下，變企業實體資產為金融資產，以改變其資產結構，提高其資產的流動性，滿足其特定的資金需要（見圖 1-4）。

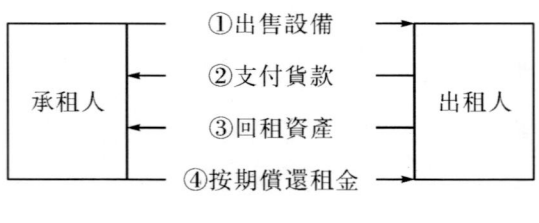

圖1-4 售後回租

二、按融資風險程度劃分

按風險程度，金融租賃可劃分為聯合租賃、槓桿租賃和委託租賃三種。

(一) 聯合租賃

聯合租賃是指具有經營融資租賃業務資質的融資租賃公司合作經營的租賃方式。通常是由一家融資租賃公司出面與用戶企業訂立融資租賃合同，而所需資金（租賃融資）則是由各家融資租賃公司分別提供。合作公司按各自提供的資金比例承擔風險及獲取收益（見圖1-5）。

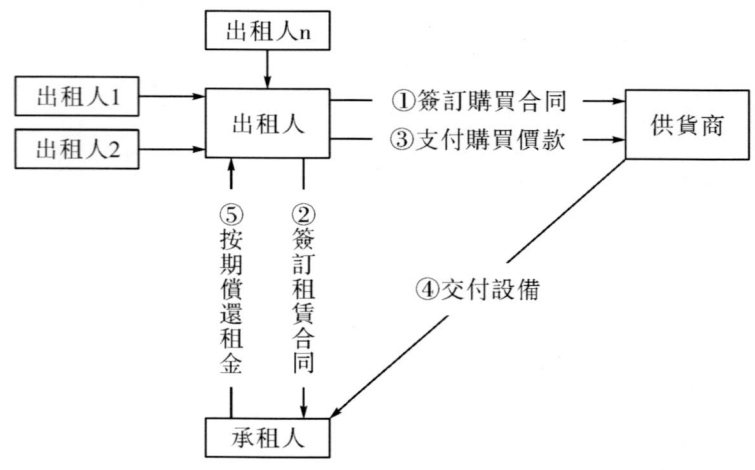

圖1-5 聯合租賃

（二）槓桿租賃

槓桿租賃是指出租人除了自籌融資資金，還要由其他銀行或者財團以貸款形式提供資金的租賃，是一種利用財務槓桿原理形成的租賃形式。使用槓桿租賃方式時，出租人自籌租賃物購置成本的20%～40%，其餘60%～80%的資金由銀行或財團等以貸款方式提供，但出租人擁有租賃物的法定所有權。在很多發達國家，出租人可享受租賃物購置成本的減稅優惠。出租人需將設備的所有權、租賃合同和收取租金的權利抵押給銀行或財團，以此作為取得貸款的擔保（見圖1-6）。

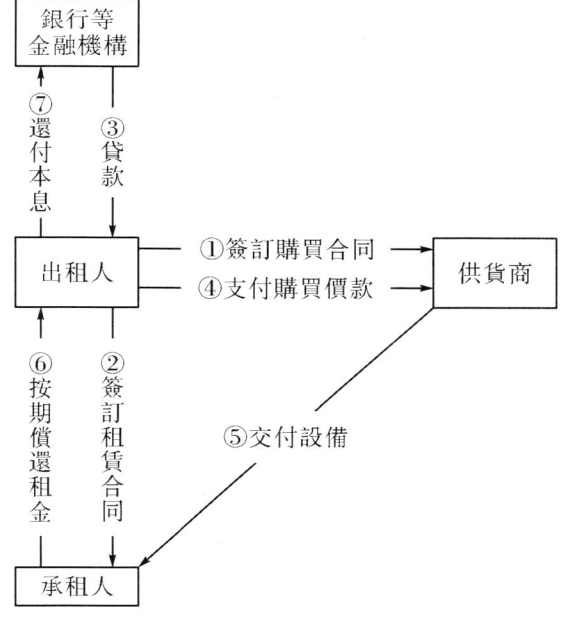

圖1-6　槓桿租賃

（三）委託租賃

委託租賃是委託人基於對受託人的信任，將其合法所有的、不被禁止或限制流通的適合於租賃的財產委託給受託人，由受託人按委託人的意願提供租賃的方式。在委託租賃交易中，融資租賃公司完全不承擔風險，只

是作為受託人替委託人以租賃方式運用和處分信託資金或設備。委託租賃不是融資租賃的某種交易方式，其本質是一種信託行為（見圖1-7）。

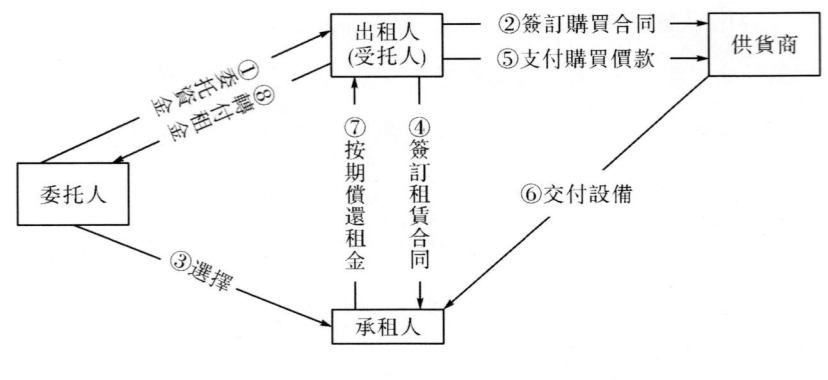

圖1-7　委託租賃

第五節　金融租賃的風險管理

一、金融租賃的五大風險

金融租賃的五大風險如圖1-8所示。

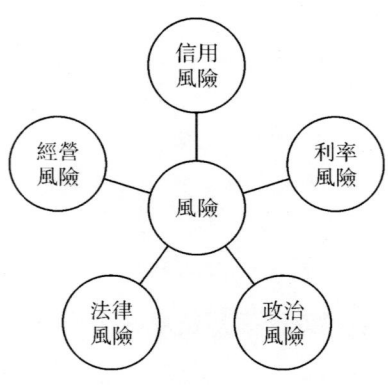

圖1-8　金融租賃的五大風險

(一) 信用風險

信用風險是指租賃三方（出租人、承租人和供應商）各自對其他方不能履約的風險，具體體現在以下三個方面：

(1) 承租人違約：在經濟不景氣時，承租人經營不善導致資金週轉不靈或破產，便會引起租金的延遲支付或無法償付。

(2) 出租人違約：當出租人本身資金不足或工作失誤導致供應商拒絕或延遲交貨，使承租人蒙受損失時，就產生了出租人違約。

(3) 供應商違約：承租人在租賃合同中往往會對租賃物的質量、數量、包裝物、技術等提出具體要求，出租人有義務滿足相關要求。若供應商未能按合同規定執行，讓出租人蒙受損失時，就產生了供應商違約。

(二) 利率風險

利率風險是指利率變動給借貸雙方所造成的損失。融資租賃業的租金相對固定，所以利率的變動往往會影響出租人與承租人權益。對出租人而言，利率的上升使得租賃融資成本上升，收益下降；對承租人而言，由於租金是固定且不受利率影響的，利率的下降不能減少承租人的租金成本。

(三) 政治風險

政治風險是指影響出租人、承租人、供應商正常活動的政治環境或政府採取的非常規行動所引起的風險。政治風險主要有以下三種類型：一是轉移風險，即政府在資本市場、產品市場、技術市場以及利潤和人員轉移方面採取的限制措施；二是所有權風險，它包括資本的國有化、對外資的限制、取消特許專賣權等風險；三是政府在企業生產、銷售、籌資等方面的調控。

(四) 法律風險

法律風險主要包括兩個方面的內容：一是金融法制不健全，租賃業務活動缺乏可靠的法律保護而造成的風險；二是法規之間不一致，出租人與

承租人的權益得不到穩定保護而產生的風險。

（五）經營風險

經營風險包括公司內部風險和外部風險。公司內部風險主要表現在人為操作失誤、電腦系統故障、工作業務流程失誤等方面；外部風險主要是指不可控的自然災害。對於出租人來說，自然災害風險通常出現在租賃物運輸過程中。但對於承租人來說，自然災害風險主要出現在租賃物的使用過程中。

二、主要風險管理措施

（一）對信用風險的管理

1. 承租人違約風險管理

出租人應在成交前，利用各種信息來源和諮詢渠道，進行深入細緻的信譽調查，對承租人做出詳盡的分析與評估；同時，可以要求承租人開立按期支付租金的信用保函，為其提供經濟擔保。出租人也可以採取設立抵押條款、擔保條款、購買保險、依靠法律手段等方式來降低承租人違約帶來的損失。

2. 出租人違約風險管理

承租人在成交前應對出租人的籌資能力、信譽狀況加以確認。當出租人要求預付定金時，可針對該項資金要求出租人開立可接受的不可撤銷的保函，對租賃物給以量與質上的擔保。

（二）對利率風險的管理

（1）合理選擇利率。一般可供選擇的貸款利率有商業銀行優惠利率、銀行間同業拆借利率、出口信貸利率、混合貸款利率、政府貸款利率、國際金融組織貸款利率等。租賃公司首先應確定是選擇浮動利率還是固定利率，其一般原則是：當國際金融市場利率處於下降趨勢時，應力爭以浮動

利率為主；當利率處於上升趨勢時，應以固定利率成交。採用浮動利率時，在貸款合同中應向貸款方要求保留調整為固定利率的權利。

（2）采取利率調換。利率調換是指有互補需要的雙方將同一種貨幣的利率債務進行互利的交換。通過利率調換，可將其已有資產或負債轉變為另一種利率的資產或負債。由於協議雙方各自得到的借款利率有差別，雙方進行調換會帶來費用方面的節省。

（3）採取貨幣調換。貨幣調換是指有互補需要的雙方將不同貨幣的債務或投資進行互利的交換。例如某家公司能獲得優惠固定利率的美元貸款，但實際業務中需要優惠的日元貸款，而另一家公司能獲得優惠的日元貸款，但實際業務中需要優惠的美元貸款。這樣，兩家公司可各自利用其優勢形成互補。

（三）對政治風險的管理

政治風險的管理主要側重於預防。尤其在國際融資租賃交易前，對租賃交易的合作者（出租方、承租方或供貨方）所在國的社會制度、勞資關係、民族問題、政治局勢、朝野黨派要進行比較充分的瞭解，避免與政局不穩國家的交易合作者進行合作。

（四）對法律風險的管理

國家應完善金融法制，立法規範租賃合同中的條款內容。就出租人可能承擔的所有權風險，出租人應在日常經營中積極加以防範。租賃合同中也可明確租賃各方的權利及義務等。

（五）對經營風險的管理

租賃公司的董事會應確定總體的風險管理原則和基本的控制戰略；建立確定風險管理的組織構架和體系；設計風險管理的政策和程序；審計完整的帳簿和交易記錄。其中，內部審計和制衡機制是主要的內部風控政策。同時，對於自然災害而引發的經營風險，出租人與承租人可以採取購

買保險的方式，將租賃物的不確定損失風險轉移給保險公司。除此以外，租賃當事人也應該盡量避免在自然災害多發的季節和地點運輸或使用租賃物。

第六節　中國金融租賃發展現狀

一、國際比較

目前，美國、中國、英國已是全球租賃市場排名前三的國家。2015年這三個國家租賃規模合計達到5,980億美元，占全球的56.3%（見表1-2）。

表1-2　　　　　　　　2015年全球租賃交易前十名國家

世界排名	國家	年交易量（億美元）	年增長率（%）	市場滲透率（%）
1	美國	3,744	11.10	22
2	中國	1,365	25.55	4
3	英國	871	14.01	31.1
4	德國	638	8.42	16.7
5	日本	608	8.94	9.6
6	法國	309	9.93	14.2
7	澳大利亞	308	0.01	40
8	加拿大	262	3.40	32
9	瑞士	182	12.05	22.9
10	義大利	177	12.52	13

來源：2017 White Clarke Group Global Leasing Report.

雖然 2015 年中國融資租賃年交易額在全球排名第二，增速達到 25.55%，但是中國市場滲透率在交易額前十國家中處於最低水準，僅為 4%。中國租賃 GDP（國內生產總值）滲透率甚至排在全球第 20 名（見表 1-3）[①]。與發達國家相比，中國融資租賃業務存在巨大的發展空間。

表 1-3　　　　　　2015 年租賃 GDP 滲透率前十名國家及中國

世界排名	國家	2015 年滲透率（%）	國家	2014 年滲透率（%）
1	愛沙尼亞	4.31	愛沙尼亞	4.81
2	瑞典	3.03	瑞典	2.3
3	英國	3.02	英國	2.84
4	拉脫維亞	2.68	拉脫維亞	2.47
5	立陶宛	2.64	澳大利亞	2.47
6	丹麥	2.5	丹麥	2.36
7	瑞士	2.4	瑞士	2.3
8	斯洛伐克	2.19	斯洛伐克	2.24
9	澳大利亞	2.08	芬蘭	2.14
10	美國	2.08	波蘭	2.11
20	中國	1.37	中國	1.29

來源：2017 White Clarke Group Global Leasing Report.

二、金融租賃機構數量

自 1984 年中國第一家融資租賃公司成立以來，截至 2017 年 12 月 31 日，中國共有 69 家持證金融租賃公司。特別是 2014 年 3 月，《融資租賃公司管理辦法》得以修正並頒布實施，中國金融租賃公司的審批也逐步提速。其中，2014 年共批准成立 6 家，2015 年共批准成立 15 家，2016 年共

[①] 租賃市場滲透率主要分為「設備滲透率」和「GDP 滲透率」，其中設備滲透率是年租賃交易量與年設備投資額的比率，GDP 滲透率則是年租賃交易量與年 GDP 的比率。

批准成立12家，2017年共批准成立13家。

三、金融租賃公司類型

金融租賃公司主體類型主要有三類：銀行系租賃公司、廠商系租賃公司以及其他第三方租賃公司。其中，銀行系的租賃公司占據了行業的半壁江山（見圖1-9）。伴隨金融租賃業的快速發展，三類租賃公司的數量和業務資金都在快速增長。

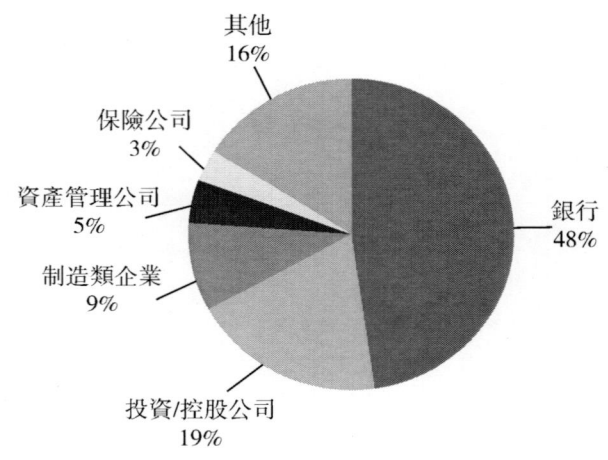

圖1-9　金融租賃公司性質及占比

四、金融租賃主要業務領域

從主要業務領域來看，有31家金融租賃公司涉及大型設備，占比為50%左右；其次是車輛與軌道交通和醫療行業。相對而言，涉足家庭融資租賃的融資租賃公司較少（見圖1-10）。

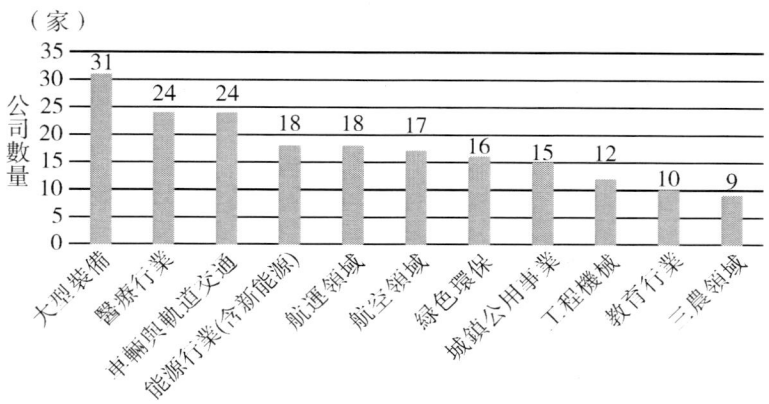

圖 1-10　金融租賃公司主要業務領域

第二章 中國家庭金融研究

第一節 中國家庭收入和財富分析

一、居民收入

收入的提升是消費增長的源泉。改革開放以來，中國居民收入不斷增長。圖 2-1 顯示，中國城鎮居民的人均可支配收入從 2006 年的 11,759 元增長到 2016 年的 33,616 元，年複合增長率達到 11%；農村居民的人均可支配收入從 2006 年的 3,587 元增長到 2016 年的 12,363 元，年複合增長率達到 13%。

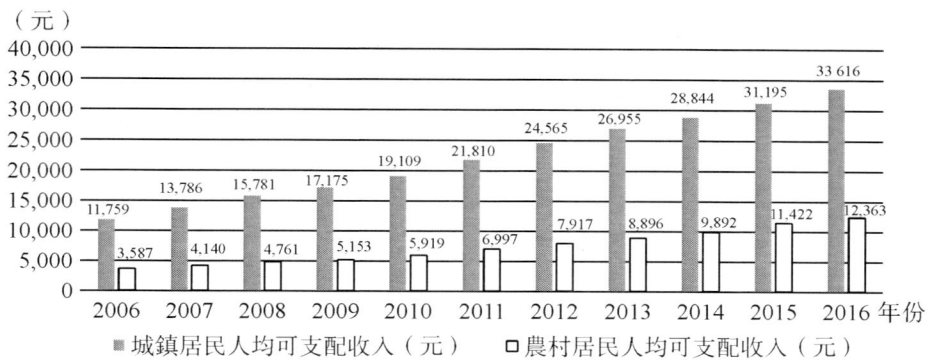

图 2-1 2006—2016 年中国居民人均可支配收入

数据来源：国家统计局统计资料。

不仅总体收入水准在提升，中国居民的各类收入在近年来都有显著增长，收入来源日趋多样化。如图 2-2 所示，工资性收入仍然是中国居民收入的主要组成部分，且增幅巨大；其次是经营性收入和财产净收入。

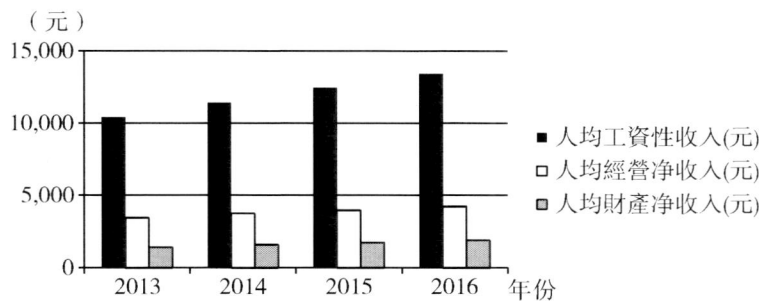

图 2-2 2013—2016 年居民各类收入增长情况

数据来源：国家统计局统计资料。

中国家庭金融调查得到的微观数据可以帮助我们进一步了解中国居民的收入来源情况。2017 年度的最新调查数据显示（见表 2-1），中国家庭收入的 47.6% 为工资性收入，其次为转移性收入和经营性收入，占比分别为 27.3% 和 21.3%；投资性收入占比较低，仅为 3.8%。如果将人群分为

工薪家庭與非工薪家庭，則工薪家庭工資性收入占比最高，為77.9%，轉移性收入占比為15.7%，經營性收入占比僅為2.9%；非工薪家庭工資性收入占比為43.7%，轉移性收入占比為28.7%，23.7%為經營性收入。非工薪家庭的投資性收入占比（3.9%）略高於工薪家庭投資性收入占比（3.5%）。可以看出，雖然中國居民收入來源日趨多樣，但其中投資性收入占比仍然較小，具有較大的拓展空間。

表2-1　　　　　　　工薪與非工薪家庭的收入來源（%）

類別	工資性	經營性	投資性	轉移性
工薪	77.9	2.9	3.5	15.7
非工薪	43.7	23.7	3.9	28.7
總體	47.6	21.3	3.8	27.3

數據來源：中國家庭金融調查（CHFS）2017年資料。

在關注收入增長的同時，我們也應當看到，當前中國居民收入分配不均現象仍較為嚴重。根據中國家庭金融調查（CHFS）數據，中國居民總體收入基尼系數在0.6左右。一方面，高基尼系數既是經濟高速發展過程中的常見現象，也是市場有效配置資源的自然結果；另一方面，解決收入差距過大的問題仍然非常緊迫，這不單單關乎公平，也關乎中國經濟能否成功轉型與持續增長。

二、居民財富[①]

收入增長的同時，中國居民的家庭財富也日益累積。國家統計局的宏觀數據顯示，中國居民部門的總資產從2004年的53.25萬億元增長到2014年的253.73萬億元，年複合增長率達到17%；淨資產從2004年的50.31萬億元增長到2014年的230.58萬億元，年複合增長率達到16%

---

① 居民指常住居民戶組成的集合，包括城鎮常住居民、農村常住居民和城鄉個體經營者。

（見圖2-3）。

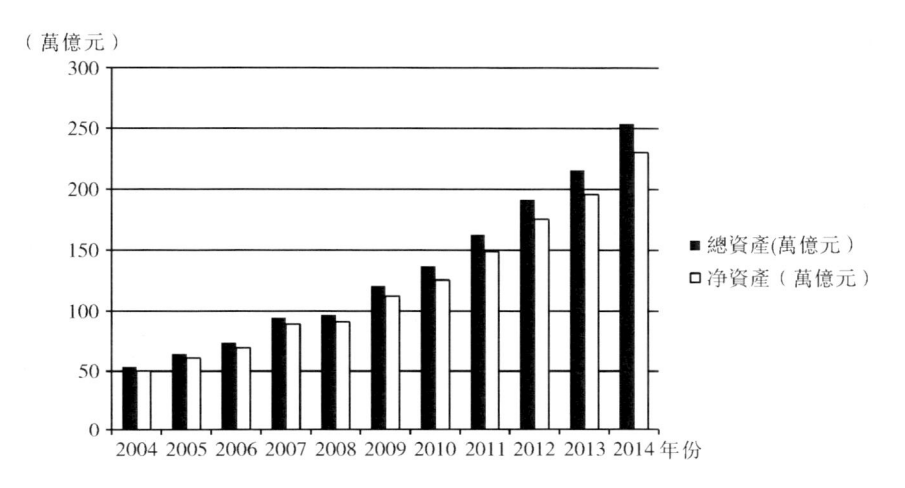

圖2-3　2004—2014年中國居民部門資產總額

數據來源：《中國國家資產負債表2015：槓桿調整與風險管理》。

中國家庭金融調查與研究中心在2011—2017年完成的中國家庭金融微觀數據調查也同樣表明，中國居民家庭平均資產在近年來增長迅速。中國家庭的戶均總資產規模從2011年的66.3萬元增長到了2017年的114.65萬元，年複合增長率為9.6%；扣除負債後的戶均淨資產從2011年的61.8萬元增長到2017年的108.6萬元，年複合增長率為9.9%（見圖2-4）。

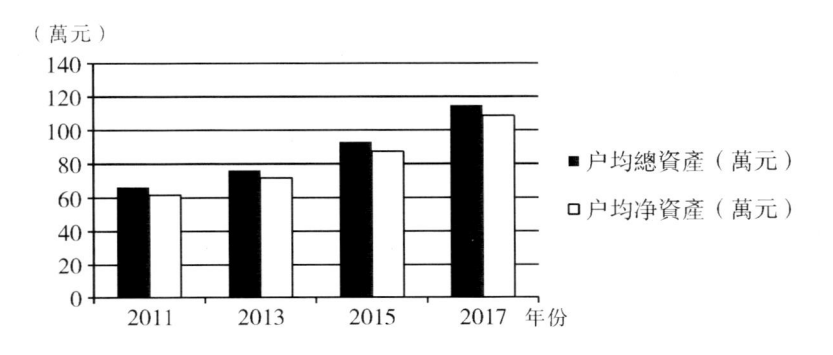

圖2-4　中國家庭戶均資產

數據來源：中國家庭金融調查與研究中心資料。

三、居民資產結構

表 2-2 反應了由宏觀數據得到的中國居民部門資產構成情況。從中國居民資產結構大類來看，中國家庭資產配置表現出以房產為主、金融資產為輔的特點，房產占中國家庭總資產的比例超過六成。

表 2-2　　居民部門資產負債表——2010—2014 年宏觀數據　　單位：億元

年份	2010	2011	2012	2013	2014
非金融資產：	871,851	1,044,416	1,152,767	1,292,481	1,505,218
房地產	809,023	962,875	1,057,624	1,177,607	1,365,203
汽車	44,637	54,458	67,047	82,654	102,557
農村生產性固定資產	18,191	27,083	28,096	32,220	37,458
金融資產：	494,832	578,034	761,964	861,853	1,032,002
通貨	37,691	42,652	45,897	51,762	58,298
存款	315,642	363,332	422,261	445,000	507,000
債券	2,692	1,898	4,527	4,876	5,579
股票	56,477	59,755	61,619	55,800	79,000
證券投資基金份額	7,346	7,952	11,049	9,753	9,214
金融機構理財產品	14,975	40,754	67,000	95,000	138,000
保險準備金	52,667	59,084	72,712	88,852	105,480
其他金融資產	7,342	2,607	76,899	110,810	129,431
總資產	1,366,683	1,622,450	1,914,731	2,154,334	2,537,220
總負債（貸款）	112,542	136,012	161,300	198,504	231,410
消費性貸款	75,064	88,717	104,357	129,721	153,660

表2-2(續)

年份	2010	2011	2012	2013	2014
其中：房屋負債	65,497	75,162	84,990	103,163	121,169
經營性貸款	37,478	47,295	56,943	68,783	77,751
淨資產	1,254,141	1,486,438	1,753,431	1,955,830	2,305,810

數據來源：《中國國家資產負債表2015：槓桿調整與風險管理》。

中國家庭金融中心的微觀數據可以更詳細地反應居民財富組成情況（見圖2-5）。從中國居民家庭資產構成上來看，房產仍然占最大比重。中國家庭平均房產財富為86.4萬，占總資產的75%，而金融資產配置比例仍然較低。相較而言，美國家庭配置在房產上的比重低得多。美國消費金融調查2013年的數據顯示，美國家庭資產中房產占比為36.0%，大約只有中國家庭房產占比的一半。

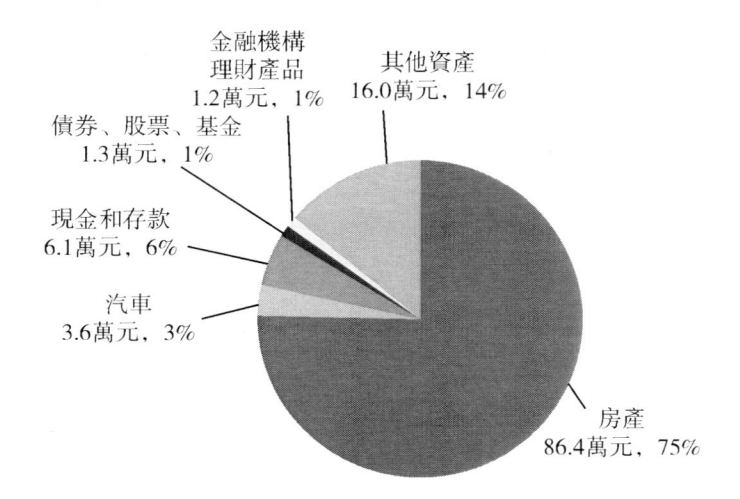

圖2-5 2017年中國家庭各類資產平均數額和占比

資料來源：中國家庭金融調查與研究中心資料。

四、中國家庭金融資產配置

隨著金融市場的發展，中國居民家庭對金融產品的瞭解和認識也在不斷加深，金融資產配置比例逐步擴大。中國家庭金融調查與研究中心的數據顯示，中國家庭金融資產占比在10%左右，僅次於房產在資產中的占比。但是，與發達國家家庭金融資產占比超過50%的情況相比，中國家庭金融資產配置占比仍然較低（見圖2-6）。例如，美國和日本家庭在2015年金融資產占比均高達60%左右，是中國家庭的五倍之多。

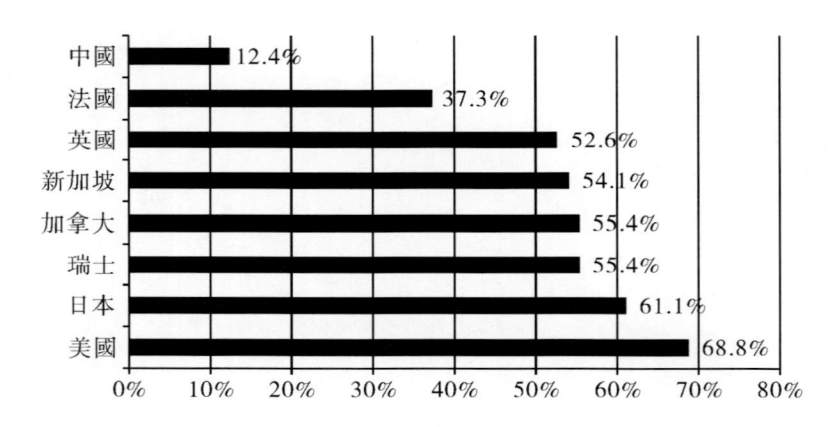

國家	占比
中國	12.4%
法國	37.3%
英國	52.6%
新加坡	54.1%
加拿大	55.4%
瑞士	55.4%
日本	61.1%
美國	68.8%

圖2-6　主要國家居民家庭資產中金融資產占比（2015年）

數據來源：中國數據來源於中國家庭金融調查與研究中心，其他國家數據來自2015年瑞信《全球財富報告》。

中國家庭微觀數據也顯示，中國居民家庭金融資產中存款占絕對主導地位。例如，2015年中國家庭金融資產中現金及儲蓄類資產占比達到一半，遠高於美國和歐盟家庭（見圖2-7）。另外，中國家庭股票等風險性金融資產占比只有10%左右，遠低於美國和歐盟家庭在這一資產上的占比。

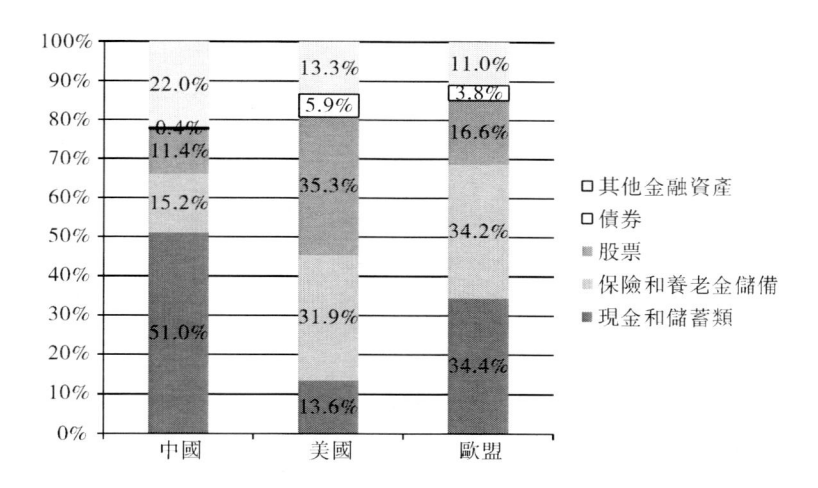

图 2-7 中國、美國和歐盟家庭金融資產構成對比（2015 年）

數據來源：中國數據來源於中國家庭金融調查與研究中心，其他國家數據來自日本央行研究和統計部門報告《日本、美國和歐元區資金流轉概述》。

五、中國家庭負債

中國家庭金融調查與研究中心發現，2004—2008 年中國家庭部門槓桿率穩定在 17%～19%，2009 年以來大幅提升至 23.7%，此後逐年穩步攀升，2014 年上升至 36.4%，2017 年年初達到 47.3%。這遠低於美國、日本等發達經濟體的水準（60%以上）。研究表明，居民部門的債務閾值為 85%（債務/GDP），中國居民部門槓桿率遠低於 85%的警戒水準。

中國家庭部門槓桿率的增加主要由住房槓桿率導致，住房抵押貸款占家庭總負債的五成以上，城鎮家庭住房抵押貸款與總負債的比例超過 80%；中國家庭住房擁有率較高，而擁有多套房的家庭主要是高收入家庭，這部分家庭因為具有較高的收入，所以債務償還風險較低。

儘管和發達經濟體相比，中國的抵押貸款參與率仍處於較低水準，但近幾年來，城市地區的抵押貸款人的債務負擔有所增加，特別是具有房貸

的家庭的槓桿率需要引起重視。表2-3顯示，具有房貸的中國居民的平均債務收入比從2013年的192%上升到了2017年的211%，其中正規負債收入比的上升數值較大。另一個衡量居民償債能力的指標月供收入比，在最近幾年中也出現了上升趨勢。債務收入比的上升需要引起我們的警惕。

表2-3　　具有房貸的中國居民家庭債務收入比變化

年份	債務收入比	正規負債收入比	民間負債收入比	月供收入比
2013	192.0%	169.0%	23.0%	11.3%
2017	211.0%	186.0%	25.0%	16.7%

數據來源：中國家庭金融調查與研究中心資料。

進一步的細分數據顯示（見表2-4），在房貸家庭樣本中，低收入和高收入組的家庭債務收入比都在增加，但低收入家庭增長最快。同時，償債收入比（定義為抵押貸款每月還款額除以家庭每月收入）也在不斷增加，且這一指標同樣在低收入家庭中上升最快。表2-5顯示，在債務收入比過高的家庭中（債務收入比大於4倍），低收入家庭占到了一半以上，且比例呈上升趨勢。這些數據都表明，雖然中國居民家庭負債總體可控，但需要特別關注部分低收入家庭的債務風險。

表2-4　　具有房貸的中國居民家庭不同收入組債務負擔變化

組別	年份	債務收入比	正規負債收入比	民間負債收入比	月供收入比
低收入組	2013	431.9%	352.1%	79.8%	27.2%
	2017	501.6%	406.6%	95.0%	41.0%
中等收入組	2013	267.2%	227.0%	40.2%	17.8%
	2017	246.8%	222.2%	24.6%	21.7%
高收入組	2013	151.0%	137.6%	13.4%	8.1%
	2017	163.7%	147.2%	16.4%	12.1%

數據來源：中國家庭金融調查與研究中心資料。

表 2-5　房貸家庭債務收入比大於 4 倍的家庭分佈（收入三分組）

年份	低收入組	中等收入組	高收入組
2013	57.4%	29.4%	13.2%
2017	61.9%	23.1%	15.0%

數據來源：中國家庭金融調查與研究中心資料。

就不同類型的城市而言，二線城市有房貸家庭的債務比重上升尤其迅速（見表 2-6）。這可能是由於二線城市在近幾年房價上漲迅速，居民加大了購房投入，導致槓桿率上升。

表 2-6　不同城市類型的有房貸家庭的債務風險

城市類型	年份	債務收入比	正規負債收入比	民間負債收入比	月供收入比
一線城市	2013	194.5%	185.7%	8.8%	12.5%
	2017	227.8%	205.9%	21.9%	16.4%
二線城市	2013	187.5%	166.8%	20.7%	11.3%
	2017	206.6%	185.8%	20.8%	17.1%
其他城市	2013	196.5%	162.7%	33.8%	10.6%
	2017	207.2%	173.2%	33.9%	16.1%

數據來源：中國家庭金融調查與研究中心資料。

除房貸以外，我們也關注了中國家庭民間負債的情況。基於中國家庭金融調查的微觀數據，我們通過分析城鎮有民間負債的家庭的數據，發現低收入家庭的民間負債占比遠遠高於中等收入組以及高收入組，存在較大的債務風險。

表 2-7　城鎮有民間負債家庭的債務風險情況

項目	年份	正規負債參與	債務收入比	正規負債收入比	民間負債收入比
城鎮	2013	28.6%	165.6%	60.8%	104.8%
	2017	31.1%	190.4%	75.8%	114.6%

表2-7(續)

項目	年份	正規負債參與	債務收入比	正規負債收入比	民間負債收入比
低收入組	2013	19.2%	359.9%	74.7%	285.3%
	2017	17.2%	415.9%	132.0%	284.0%
中等收入組	2013	25.0%	203.9%	59.6%	144.4%
	2017	29.5%	185.5%	58.1%	127.4%
高收入組	2013	47.7%	125.2%	59.1%	66.1%
	2017	50.5%	165.7%	73.1%	92.5%

數據來源：中國家庭金融調查與研究中心資料。

第二節 中國家庭消費研究

一、居民消費分析

隨著人們可支配收入的增長，人們的消費水準也在同步上升。國家統計局的數據顯示（見圖2-8），城鎮居民人均消費水準從2006年的10,739元增長到2015年的27,210元；農村居民的人均消費水準從2006年的3,066元增長到2015年的9,679元。

图 2-8 中国居民消费增长情况

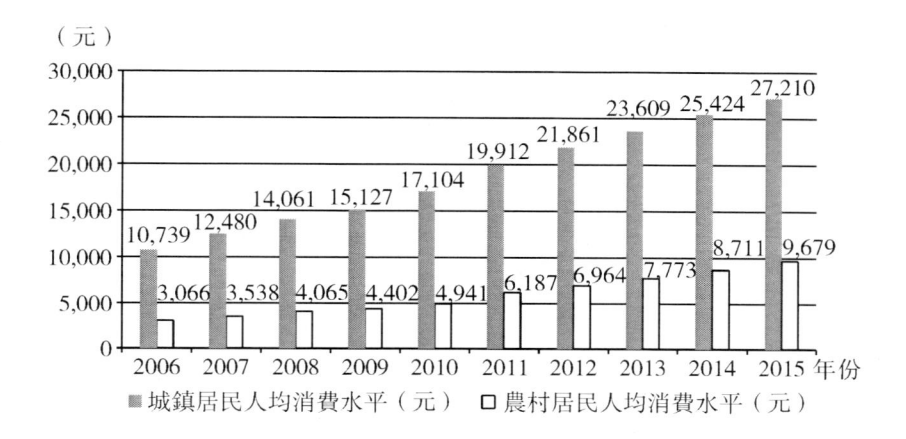

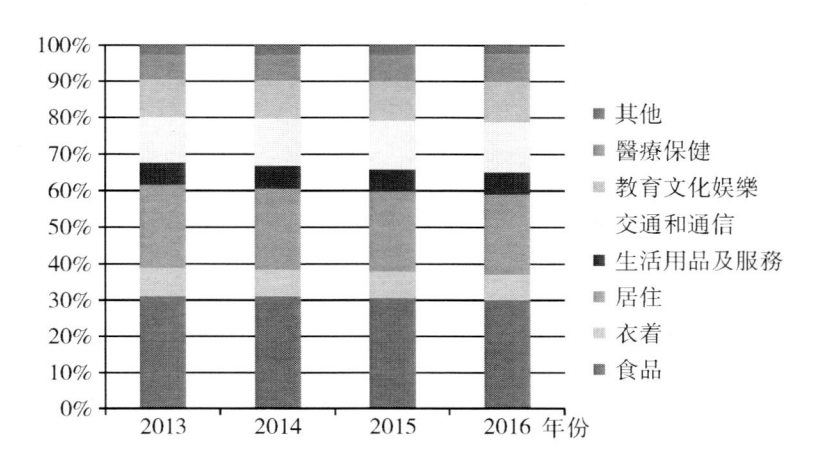

数据来源：国家统计局资料。

伴随著消费数额的增长，居民的消费结构和品质也在不断变化和提升，居民消费需求由满足日常需求向追求品质转变。2016年中国居民的恩格尔系数（家庭食品消费占总消费的比重）下降至30.1%，已经接近联合国划定的富足标准。同时，医疗保健、交通通信、教育文化娱乐服务等高端需求在各个阶层居民的消费支出中的比重稳定上升（见图2-9）。

图 2-9 中国家庭消费结构占比

37

在發達國家，消費對經濟增長的貢獻率大約為80%（世界平均水準則是60%）。2015年美國個人消費增長對經濟增長的貢獻率高達87.2%。根據各國發展經驗，人均GDP達到1萬美元和人口比重最高年齡段在46歲左右時，一國將進入消費快速升級期和消費支出高峰期。對照中國實際，2016年中國人均GDP已經接近9,000美元，並有9個省份的人均GDP超過1萬美元。未來十年中國還將迎來45~49歲人口高峰期。因此，中國將迎來消費快速增長、結構加快升級和消費對經濟增長拉動作用明顯提升的重要機遇期。

二、居民信貸消費特徵

近年來中國居民個人消費貸款增長迅速。中國人民銀行的數據顯示，中國居民個人消費貸款餘額近幾年間同比增速保持在30%左右，反應了居民信貸需求的增長，說明中國居民通過信貸進行消費的意識不斷增強（見圖2-10）。

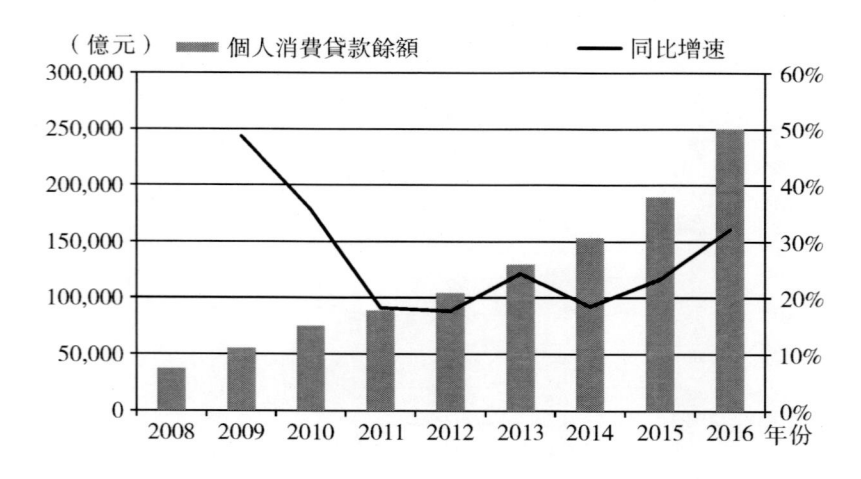

圖2-10 個人消費貸款餘額及增速

數據來源：中國人民銀行資料。

從中國家庭金融調查與研究中心的微觀調查數據上看，中國居民家庭信貸額度也在不斷增加，年複合增長率在10%以上（見表2-8）。通過進一步分析，我們可以發現年輕群體、高收入人群和高教育水準人群的信貸參與率相對更高。然而和發達國家相比，中國家庭的信貸參與率仍然處於較低水準。例如，根據2017年美國消費者金融調查數據（SCF），美國家庭的信貸參與率達到77%。由此可見，中國目前消費金融服務供給仍然不足，融資租賃等業務具有較大的發展空間。

表2-8　　　　　　　　中國居民家庭信貸額度變化

類別	2013年信貸額（萬元）	2017年信貸額（萬元）	年均複合增長率（%）
房產信貸	2.1	3.7	15.3
消費信貸	0.6	1.0	12.5

數據來源：中國家庭金融調查與研究中心資料。

中國個人消費貸款餘額各類型占比的數據顯示（見圖2-11），住房貸款在居民貸款總額中占最大比重，其次是個人信用卡貸款。汽車貸款的數額也有所上升，但占比仍然較小。居民在居住、耐用消費品、教育、醫療和旅遊度假等領域的信貸需求需要更多的金融產品來滿足。

中國消費對經濟增長的拉動作用日益突出。2016年最終消費對GDP增長的貢獻率為66.5%，比上一年增加6百分點，比投資貢獻率高23.4百分點，已經超過世界平均水準（見圖2-12）。

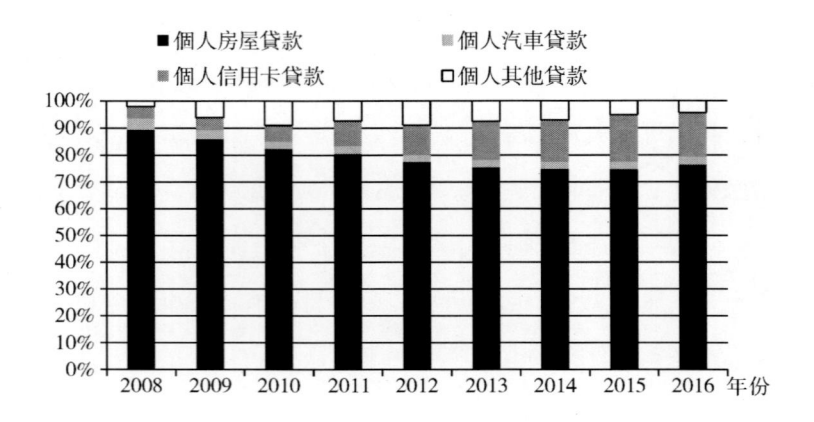

圖 2-11　個人消費貸款餘額各類型占比

數據來源：中國人民銀行資料。

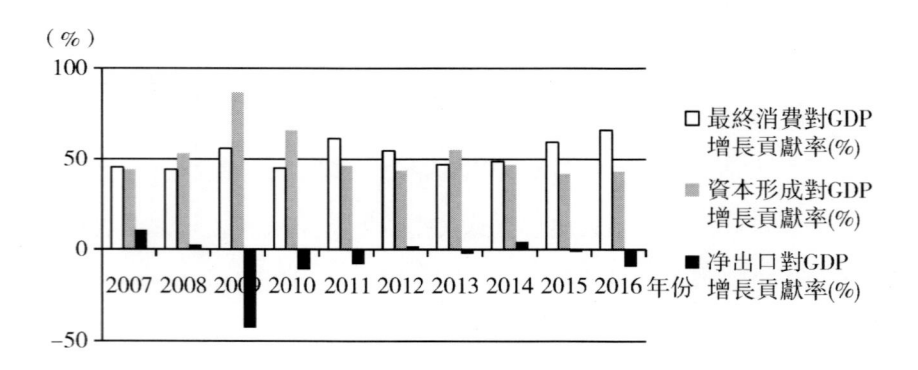

圖 2-12　三大需求對 GDP 增長貢獻率

數據來源：國家統計局資料。

居民消費需求的增長需要信貸工具的支持。雖然中國居民家庭信貸消費發展迅速，但仍有較大的需求缺口。中國家庭金融調查與研究中心的最新微觀調查數據顯示，2017年中國具有信貸需求的家庭達到45%，而真正得到信貸服務的家庭只有35%，缺口達到10%。從額度上看，中國家庭戶均信貸需求額為14.2萬元，而已實現的信貸獲得額不到其一半。進一步分析發現，無論是低收入家庭、中等收入家庭還是高收入家庭，都存在信貸

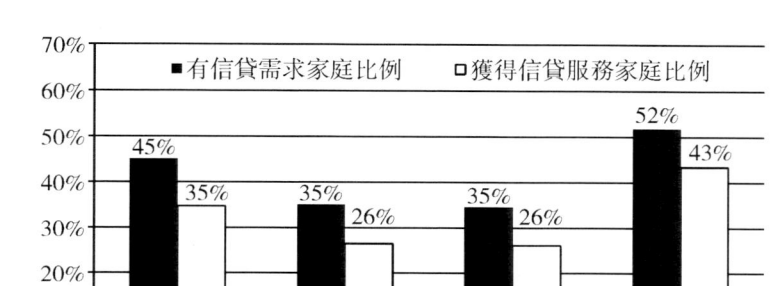

缺口（見圖2-13）。

图 2-13 中國家庭信貸參與和信貸需求情況

數據來源：中國家庭金融調查與研究中心資料。

第三節 中國家庭消費存在的問題及其原因

一、中國家庭消費困境

雖然近年來中國居民消費保持了增長的態勢，但從居民消費率、人均消費水準以及消費支出結構等指標的國際對比來看，中國居民消費水準還處在較低階段，居民消費能力比較弱，消費結構有待進一步優化升級（毛中根 等，2011）。中國居民的低消費水準主要表現在三個方面：

（一）居民消費率低於國際平均水準，且呈下降趨勢

消費率又稱最終消費率，是指一個國家或地區在一定時期內，用於居民個人消費和社會消費的總額占當年GDP的比率，是衡量一國居民消費水準的重要指標。其計算公式為：

消費率＝最終消費支出/GDP×100%

其中，最終消費支出包括政府消費支出和居民消費支出，而居民消費支出又包括城鎮居民消費支出和農村居民消費支出。

據世界銀行統計，2012—2016年這五年，世界各國平均居民消費率穩定在58%左右。其中低收入國家居民消費率平均為76.1%，中低等收入國家居民消費率平均為64.2%，中等收入國家居民平均消費率為53.5%，中高等收入國家居民平均消費率為50.3%，高收入國家居民平均消費率為59.7%（見表2-9）。就發達國家而言，美國的居民消費率基本上接近70%，日本的居民消費率接近60%。和中國同屬金磚國家的俄羅斯、巴西、印度的居民消費率也都超過50%。相比之下，中國的居民消費率還沒有達到40%，是這幾個國家中最低的。

表2-9　　　　2012—2016年世界各國居民消費率情況　　　　單位:%

項目	2012年	2013年	2014年	2015年	2016年	歷年平均
世界平均	57.8	57.9	58.0	58.0	58.3	58.0
中國	36.7	36.9	37.7	38.6	39.5	37.9
美國	68.4	68.1	68.1	68.1	68.8	68.3
日本	58.6	59.0	58.4	56.6	55.7	57.7
印度	56.5	57.6	58.1	58.8	59.0	58.0
巴西	61.4	61.7	63.0	64.0	64.0	62.8
俄羅斯	51.0	52.9	53.4	52.3	52.6	52.5
高收入國家	59.9	59.8	59.6	59.4	59.7	59.7
中高等收入國家	49.2	49.9	50.6	50.8	51.2	50.3
中等收入國家	52.1	53.0	53.7	54.1	54.4	53.5
中低等收入國家	62.3	63.9	64.2	65.2	65.4	64.2
低收入國家	77.1	76.0	74.2	75.7	77.6	76.1

數據來源：世界銀行資料。

從時間軸上來看，中國居民消費率從20世紀90年代初的50%左右下降到不足40%，在21世紀頭十年下降尤其迅速。2010年以來，中國居民消費率開始緩慢上升，但距離20世紀90年代初的水準始終有較大差距（見圖2-14）。

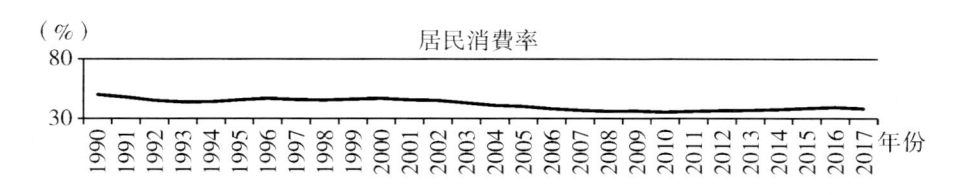

圖2-14 中國居民消費率

數據來源：世界銀行資料。

（二）居民消費規模小，消費水準與人口比重不相稱

中國居民的消費能力和水準明顯落後，與中國世界經濟大國的地位極不相稱。中國GDP總量已經排名世界第二，但人均消費支出規模仍然較小。2012—2016年這五年，世界各國的人均居民消費支出平均為5,670美元，其中低收入國家為513美元，中等收入國家為2,230美元，高收入國家為23,601美元。中國人均居民最終消費支出僅為1,800美元左右，不僅遠低於美國和日本等發達國家（僅為美國的二十分之一，日本的十五分之一），與巴西和俄羅斯等發展中國家相比也處於較低水準（見表2-10）。

表2-10　　　　2012—2016年世界各國人均居民最終消費支出

單位：2010年不變價美元

項目	2012年	2013年	2014年	2015年	2016年	歷年平均
世界平均	5,563	5,618	5,667	5,723	5,776	5,670
中國	1,728	1,765	1,791	1,807	1,833	1,785
美國	33,712	33,962	34,674	35,667	36,373	34,878
日本	26,214	26,873	26,678	26,698	26,745	26,642

表2-10(續)

項目	2012年	2013年	2014年	2015年	2016年	歷年平均
印度	834	884	929	987	1,046	936
巴西	7,196	7,377	7,477	7,175	6,807	7,206
俄羅斯	6,306	6,620	6,629	5,971	5,692	6,244
高收入國家	23,080	23,226	23,492	23,914	24,292	23,601
中高等收入國家	3,294	3,383	3,429	3,403	3,398	3,381
中等收入國家	2,143	2,215	2,251	2,262	2,281	2,230
中低等收入國家	1,110	1,175	1,210	1,259	1,305	1,212
低收入國家	512	518	519	513	502	513

數據來源：世界銀行資料。

(三) 居民消費層次相對落後

雖然中國居民的消費層次呈現出上升的趨勢，但總體水準比較落後。2016年中國居民的恩格爾系數[①]為30.1%，而美國居民的恩格爾系數在20世紀90年代就已經在20%以下。歐洲、加拿大、日本等發達地區和國家的這一系數也基本在30%以下。美國居民的服務類消費也遠高於中國。2008年美國居民服務類消費為6.7萬億美元，占總消費的比例約為66%。而中國服務類消費占比約為40%。根據居民消費支出統計分類，醫療保健和文教娛樂是兩種主要的享受和發展類消費支出。這兩種支出在美國居民消費中占到了30%左右，而在中國居民消費中只占到20%左右（毛中根等，2011）。

中國居民消費層次的落後還體現在消費結構過於單一。Theil和Finke（1983）在參考香農指數的基礎上，構建了一種衡量一個社會中居民消費

---

① 恩格爾系數是指食品支出總額占個人消費支出總額的比重。根據恩格爾定律，一個家庭或個人收入越少，用於購買生存性食物的支出在家庭或者個人收入中所占的比例就越大。對於一個國家而言，每個國民的平均支出中食品費用所占比例越高，國家就越貧窮。恩格爾系數是衡量一個家庭或者國家富裕程度的主要標準之一。

分散化程度的方式，即消費多元化指數，公式如下：

$$H = \sum_{i=1}^{n} w_i \ln \frac{1}{w_i}$$

其中，w_i 代表了第 i 種產品或服務占總體消費支出的比例，H 則代表一個社會中消費多元化的程度。當全部消費都集中在一種產品或服務上時，H 達到最小值 0；當消費平均分佈於每種產品時，H 達到最大值。這種測度方式可以反應出一個社會群體在各種不同的產品和服務上的消費分散程度，指數 H 的增大，表明居民消費的多元性程度提高。陳劭鋒、馬建新（2017）比較了 2015 年 OECD（經濟合作與發展組織）國家和中國的居民消費多元化指數，發現中國居民消費多元化指數僅僅略高於墨西哥、希臘、拉脫維亞、捷克這四個國家，遠低於其他 OECD 國家中的大多數。

二、制約中國居民消費增長和升級的因素

居民儲蓄率過高、消費需求不足一直是困擾中國經濟增長的一個重要問題，經濟學界將這一現象稱之為「高儲蓄、低消費之謎」。近幾十年來，中外經濟學家圍繞這一現象，提出了諸多因素解釋其成因：

1. 預防性儲蓄和高家庭債務擠占消費

中國居民儲蓄率自 2000 年以來持續上升，由 2000 年的 31.1% 上升到 2007 年的 40.4%[①]。在現有文獻中，許多學者都對中國居民儲蓄率過高、消費不足進行了研究。預防性儲蓄理論認為，在個體面臨較大的不確定性時，會增加儲蓄，降低消費，以應對未來可能出現的風險。改革開放以來，中國在住房、教育和醫療方面都進行了市場化改革，計劃經濟時代國家包攬的社會保障模式被打破，使得人們對未來支出感受到的不確定性不

---

① 居民儲蓄占比 = 居民儲蓄／國民收入 =（居民儲蓄／居民可支配收入）×（居民可支配收入／國民收入）= 居民儲蓄率 ×（居民可支配收入／國民收入）。

斷增強。同時，計劃經濟時代國家分配的就業體制轉變為市場化擇業，職業穩定性下降，未來收入的不確定性增強。為了應對未來可能出現的收入下降和大額支出，居民不得不增加儲蓄。預防性儲蓄減少了居民的消費，抑制了居民消費需求的擴大。針對預防性儲蓄動機，經濟學界進行了大量的實證研究，發現未來收入的不確定性（樊瀟彥 等，2007；王端，2000）、教育、醫療和住房等大額支出的增加（駱祚炎，2010；楊汝岱 等，2009；何興強 等，2014），以及保險保障制度的不完善（姜百臣 等，2010；劉子蘭 等，2010）等因素，都抑制了中國居民的消費增長。

除此之外，導致中國居民消費不足的另一個重要原因是房價過高。家庭的消費品不包括住房，但是對於購房者而言，家庭收入的一部分是用於購買住房的。在過去的二十年中，中國城市的房價出現了顯著的增長。2001—2008 年，各大中心城市如北京、上海、廣州、深圳等的住宅銷售均價的年均增幅都超過了 10%。從 2004 年至今，中心城市房價上漲更加迅猛，北京、廣州、深圳的年均增幅都在 20% 以上。與此同時，城市居民可支配收入的增長遠遠落後於房價增長。以北京為例，2004—2008 年北京市城鎮居民人均可支配收入年均增長率為 12.1%，低於房價增長 13 百分點。房價猛漲並非中心城市所獨有的現象，許多二線城市房價的上漲也一直非常強勁。2001—2008 年，寧波、廈門住宅銷售均價的年均增長率都超過了 20%。關於房價和消費的關係，研究發現，對於許多準備購房的家庭來說，房價上漲將在很大程度上擠壓他們的消費。例如，陳斌開和楊汝岱（2013）研究了中國住房價格與居民儲蓄的關係，發現收入水準較低、沒有住房或住房面積較小的家庭受住房價格上漲的影響很大，這些家庭「為買房而儲蓄」的動機很強。同時，不僅中國的年輕人在「為買房而儲蓄」，老年人也在「為子女買房而儲蓄」。這些家庭不僅在購房前為了支付首付而拼命壓縮消費，而且在購房後由於沉重的還貸壓力也被迫犧牲了日常

消費。

同時，對於有房者來說，居民負債率不斷上升，也嚴重擠壓了非住房消費。根據社科院的測算，中國居民部門槓桿率（居民債務占GDP的比重）從2011年的28%快速上升到2017年的49%。而根據上海財經大學研究團隊（2018）的報告，截至2017年，中國家庭債務與可支配收入之比高達107.2%，已經超過美國當前水準。償債壓力的加大會擠出居民在住房以外的其他方面的消費需求。同時，由於中國房地產二次抵押市場不發達，居民很難通過住房抵押獲得流動性，當家庭債務累積速度過快時，家庭債務對消費的抑製作用更為明顯。

2. 流動性約束限制消費

由於中國金融市場的不完善，中國消費信貸發展晚於歐美發達國家，大部分居民仍然面臨著較大的流動性約束。特別是年輕人群和流動人口，往往面臨著較大的信貸約束，無法將未來的收入轉化為當前消費。關於流動性約束對中國居民消費的影響在學術界也已經有諸多論述。萬廣華等（2001）運用中國1961—1998年的數據，通過測試羅伯特·霍爾（Robert Hall）的消費函數及其擴展模型，分析了流動性約束與不確定性對消費的影響。他們發現，隨著中國經濟改革的不斷深入，中國居民消費行為在20世紀80年代早期發生了結構性轉變。流動性約束以及不確定性造成中國內需不足，以及居民消費水準和消費增長率的雙下降。杜海韜和鄧翔（2005）利用城鄉時間序列數據，通過引入預期收入增長的對數線性歐拉方程和二階泰勒近似的歐拉方程，發現當期收入是決定中國居民消費的主要原因，且城鎮居民比農村居民有更強的預防性儲蓄動機。張繼海和臧旭恒（2008）採用計算機動態模擬的方法模擬消費者再流動性約束下的消費和儲蓄行為。他們發現居民在流動性約束的情況下增加儲蓄，降低當期消費，因而政府應該大力發展居民信貸消費市場，提高居民的即期消費。

3. 國民收入分配不合理制約消費

一國的收入可分為政府收入、企業收入、居民收入這三個部分。居民收入占中國收入的比重較低是導致居民消費不足的重要原因。學者發現，隨著經濟的高速增長，中國國民收入分配的格局不斷向政府和企業傾斜。因此，政府和企業收入在國民收入分配結構中不斷上升，擠壓了居民收入的提升（方福前，2009）。同時，中國居民可支配收入主要來源於勞動報酬。研究發現，勞動報酬占國民收入初次分配的比重呈下降趨勢（張全紅，2009）。收入分配的不合理導致中國居民消費需求增長緩慢。

同時，研究也發現，居民之間收入不平等的加大也會制約消費需求的擴大（婁峰 等，2009；吳振球 等，2010）。例如，通過對中國 1985—2004 年城鎮居民消費、收入等數據的計量分析，吳曉明和吳棟（2007）發現中國城鎮居民收入分配差距的擴大引起了居民平均消費傾向的減小，且這種影響在長期尤為顯著。此外，曾國安和胡晶晶（2008）的研究也發現中國城鄉居民之間的收入差距導致了較低的社會整體消費傾向。

4. 高品質商品和服務業有效供給不足

雖然中國經濟保持了「穩中趨好」的增長勢頭，但也存在「產能過剩」和「供給缺口」並存的結構性問題。特別是中國製造業整體水準還處在底端階段，無法滿足居民對高品質商品的追求。在服務業方面，中國醫療、教育、文化娛樂等服務業的有效供應和競爭力仍然不足，這也在某種程度上抑制了居民的消費需求。但同時，我們也可以看到，雖然中國現階段消費增長不足，但潛力巨大。在消費模型中，影響消費的一個重要因素是家庭的當期和終生收入。在過去幾十年中，中國的經濟增長已使成千上萬的家庭擺脫了貧困。因此，推動中國消費轉型的一個最重要因素是中產階層和高淨值人群的形成和數量增長。美國波士頓諮詢集團和中國阿里研究機構將中國家庭分為以下幾類：年均可支配收入在 1 萬～1.6 萬美元（7

萬~10萬人民幣）的新興中產家庭；年均可支配收入在1.6萬~2.4萬美元（10萬~16萬人民幣）的中產家庭；年均可支配收入在2.4萬~4.6萬美元（16萬~32萬人民幣）的上中產家庭和年均可支配收入在4.6萬美元（約32萬人民幣）以上的富裕家庭。2010年，中國的上中產家庭和富裕家庭的數量占所有城市家庭的10%。美國波士頓諮詢集團和中國阿里研究機構預測，到2020年，這一比例將上升到30%。屆時，中國將有1億家庭為上中產家庭和富裕家庭。同時，上中產家庭和富裕家庭的消費以每年17%的增速增長。這些人群對奢侈品、汽車、國內外旅遊、文化教育等商品和服務的消費正在快速增加。

第四節　本章小結

　　通過分析家庭金融相關數據，我們發現，中國居民收入和家庭財富都在不斷增加，金融資產配置呈現以房產為主、金融產品為輔的特徵。同時，隨著收入和財富的增長，中國居民消費也與日俱增，消費已經成為拉動經濟發展的重要力量。同時中國目前消費金融服務供給仍然存在不足。然而，從居民消費率、人均消費水準以及消費支出結構等指標來看，中國居民消費水準還處在較低階段，居民的綜合消費能力還比較弱。特別是過高的預防性儲備、較大的流動性約束、不合理的收入分配以及高品質產品和服務的缺乏等問題，嚴重制約了中國居民消費的意願和能力。因此，推動居民消費轉型升級，通過金融創新減少流動性約束刺激消費，已經成為目前中國發展經濟、改善民生的當務之急。

第三章　家庭金融租賃的基礎理論綜述

第一節　經濟學消費理論

消費（尤其是居民消費）一直是經濟學界、政府部門和社會公眾所關注的重要話題。從宏觀角度來說，居民消費是一國總消費的主體部分，是經濟增長的重要動力。從微觀角度來說，消費水準直接決定著家庭的效用水準，是家庭幸福程度的重要源泉。自 Keynes（凱恩斯）20 世紀 30 年代對消費和收入的關係進行開創性研究以來，消費理論已經經過了近百年的發展，體系龐雜，流派眾多。厘清居民消費理論的演化路徑和發展脈絡，對我們深入理解家庭金融租賃在居民家庭建設中的作用有著重要意義。

居民消費理論大體上可以劃分為關於消費總量的理論和關於消費結構的理論兩個大類。前者主要關心消費絕對數量（金額）的短期和長期影響因素，而後者則偏重於研究不同類型的消費支出在總消費中的比重及其背後的經濟內涵和驅動因素。一般而言，消費總量的增長是消費結構升級的前提和基礎。因此，本章我們將首先回顧經濟學關於居民消費總量的重要

理論，再對消費結構的相關理論進行闡釋。

一、消費總量理論

居民消費總量理論的發展大體經歷了三個階段。第一個階段產生了基於確定性條件的消費理論，主要包括絕對收入假說、相對收入假說、持久收入假說和生命週期假說；第二個階段產生了基於不確定性條件的消費理論，主要包括隨機遊走假說、預防性儲蓄假說、流動性約束假說和緩衝存貨假說；第三個階段產生了基於非完全理性行為的消費理論（方福前 等，2014；趙斌 等，2009）。前兩個階段的理論主要基於「理性人」假設的新古典經濟學理論框架，而第三個階段的理論則基於行為經濟學「有限理性」的視角，突破了新古典經濟學的框架，增強了經濟學理論對現實世界的解釋力。

（一）基於確定性條件的居民消費理論

1. 絕對收入假說

英國經濟學家凱恩斯（Keynes）在其《就業、利息和貨幣通論》（1936）一書中，提出了絕對收入假說，是關於居民消費最早的經濟學理論之一。該假說認為居民現期消費與現期收入之間存在穩定的函數關係，即居民消費水準由當前收入水準決定，且平均消費傾向和邊際消費傾向隨著收入的增加而遞減。該假說理論模型如下：

$$C_t = a + bY_t$$

其中，C_t 表示 t 期消費；Y_t 表示 t 期可支配收入；$a > 0$，表示自發消費；$0 < b < 1$，表示邊際消費傾向。

絕對收入假說認為消費者是「短視的」，其消費水準只取決於自身現期的收入，或即時預算約束。以現代經濟學的觀點來看，這一理論具有較大的局限性。

2. 相對收入假說

Duesenberry 在 1948 年提出了相對收入假說，對絕對收入假說進行了質疑。Duesenberry 的相對收入假說認為，居民的消費支出不僅受到自身當前收入的影響，還會受到周圍其他人消費支出的影響。這種影響被稱為「示範效應」。同時，居民的消費支出也會受到自身過去消費習慣的影響，即居民的消費水準在時間上具有一定的「慣性」。該假說的主要理論框架如下：

$$C_{it} = \alpha Y_{it} + \beta \bar{Y}_t + \gamma C_{it}^0$$

其中，C_{it} 表示第 i 個消費者在 t 期的消費；Y_{it} 表示第 i 個消費者在 t 期的收入；$\bar{Y}_t$ 表示所有人在 t 期的平均收入；C_{it}^0 表示第 i 個消費者在 t 期以前的最高消費水準；α、β 和 γ 為相應的參數，滿足條件 $\alpha, \beta, \gamma > 0$，以及 $\alpha + \beta + \gamma \leqslant 1$。

3. 持久收入假說

無論是絕對收入假說還是相對收入假說，都只考慮了即期收入對消費的影響。20 世紀 50 年代中期，Friedman（1957）提出了持久收入假說（Permanent Income Hypothesis），認為居民的當期消費受到其持久收入的影響。在持久收入假說的框架下，消費者在一生中的每一期得到一定的勞動收入（Y_t），將其中一部分用於消費（C_t），另一部分用於儲蓄，並在下一期獲得收益（收益率為 r）。消費者選擇每一期的消費以最大化其一生的效用。在這一框架下，給定必要的假設條件，消費者在 t 期消費支出（C_t）的數學表達式如下：

$$C_t = \frac{r}{1-r}\left[A_t + \sum_{k=0}^{\infty}\left(\frac{1}{1+r}\right)^k Y_{t+k}\right]$$

其中，r 為資產在每一期的收益率，A_t 為 t 期的儲蓄資產，Y_t 為 t 期的勞動收入，$\sum_{k=0}^{\infty}\left(\frac{1}{1+r}\right)^k Y_{t+k}$ 可以理解為未來所有收入在 t 期的現值。從公式中可

以看出，持久收入假說下的消費水準取決於消費者可以預計到的未來收入。

在絕對收入假說的框架下，如果當期收入降低，消費者的當期消費會立即受到影響。而在持久收入假說的框架下，即使當期收入較低，如果預計到未來收入的增長，消費者也可以通過預支未來收入維持較高的消費水準。

4. 生命週期假說

在持久收入假說被提出的差不多同一時期，Modigliani 等人提出了生命週期假說（Life-cycle Hypothesis），同樣考慮了未來收入對消費的影響（Modigliani et al., 1954; Modigliani et al., 1957; Ando et al., 1963）。假設消費者預計存活 T 年，並計劃在 N 年後退休，則生命週期假說認為消費者在 t 期的消費支出（ C_t ）可以表達為：

$$C_t = \frac{1}{T}[Y_t + (N-1)\bar{Y} + A_t]$$

其中，Y_t 表示消費者在 t 期的勞動收入，$\bar{Y}$ 表示消費者到退休前的平均勞動收入，A_t 表示消費者在 t 期擁有的資產。

(二) 基於不確定性條件的居民消費理論

早期的消費理論大多忽視了消費者未來收入的不確定性。20 世紀 70 年代，理性預期假說（Rational Expectation Hypothesis）出現，認為經濟行為的主體會對不確定的未來產生合理的預期。這一理論為經濟學家在不確定性的條件下研究消費行為提供了依據，衍生出了以下幾個重要的消費理論：

1. 隨機遊走假說

Hall（1978）提出了隨機遊走假說（Random Walk Hypothesis），運用歐拉方程的方法對持久收入假說進行了拓展，開啓了不確定性條件下居民

消費理論研究的序幕。Hall（1978）認為消費者的消費軌跡是一個隨機遊走的過程，其數學表達式為：

$$C_t = C_{t-1} + E_t$$

其中，C_t 為 t 期消費，C_{t-1} 為上一期（$t-1$ 期）消費，E_t 為不可預測的誤差項目。

隨機遊走假說的核心觀點認為消費的變化是不可預測的，這與絕對收入假說等確定性條件下的消費理論截然不同。

2. 預防性儲蓄假說

經濟學家很早就觀察到，如果未來收入具有不確定性，消費者會減少當期的消費，增加儲蓄，以應對未來可能出現的收入波動（Leland, 1968）。這種現象被稱為「預防性儲蓄動機」（Precautionary Saving Motivation）。Weil（1993）通過數學模型推導出了消費過程中的預防性儲蓄動機與收入風險的關係。在 Weil（1993）的框架下，消費者面臨的效用最優化問題為：

$$\mathrm{Max} W(c_t, c_{t+1}, \cdots) = \left\{ (1-\delta) \sum_{s=0}^{\infty} \delta^s c_{t+s}^{1-\alpha} \right\}^{\frac{1}{1-\alpha}}$$

其中，$\frac{1}{\alpha}$ 表示跨期替代彈性，δ 表示主觀貼現率。根據這一最優化問題，可以得出：

$$c_{t+1} = (\delta R)^{1/\alpha} c_t + \omega \frac{R}{R-\rho} (E_{t+1} - E^*)$$

其中，R 表示自由借貸條件下的收益率，$\omega = 1 - \delta^{\frac{1}{\alpha}} R^{\frac{1-\alpha}{\alpha}}$，$E^*$ 表示勞動收入變動的確定性等價。

預防性儲蓄假說認為，消費受到勞動收入風險的影響。由於收入風險存在，消費者為了維持穩定的消費水準，會傾向於在當期減少消費，增加儲蓄，以此抵禦未來收入波動對消費造成的負面衝擊。並且，收入的不確

定性風險越高，儲蓄就越多。這一理論可以解釋很多先前的消費理論無法解釋的現象。

3. 流動性約束假說

傳統的持久收入假說認為，當家庭在當期面臨低收入並且借款的利率與儲蓄利率相等時，可以通過借款來維持消費水準，並在未來償還借款。然而，這一假設往往與現實情況不符。在現實中，金融市場並不完備，部分信用等級低或者收入不固定的人群很難從銀行或其他渠道得到借款。即使借款被滿足，家庭為還貸所支付的利率也遠高於儲蓄利率。考慮到這一現實情況，經濟學家提出了關於消費的流動性約束假說。在最嚴格的情況下，流動性約束表示消費者不能利用消費信貸進行負債消費。

流動性約束假說下的居民消費特徵主要有三點。第一，如果消費者的流動性約束是束緊的（Binding），即當期收入低於持久收入，消費者不能通過借款來增加當期收入，只能降低當期的消費水準。第二，流動性約束相當於一個「影子價格」，使得當期消費變得更為昂貴。換言之，即使消費者在當期沒有受到流動性約束的限制，他們也會考慮到未來出現流動性約束的可能性，從而降低當前消費，增加儲蓄。第三，當期流動性約束對消費的影響會傳導至以後各期（Zeldes，1989）。

4. 緩衝存貨假說

Deaton（1991）結合預防性儲蓄假說和流動性約束假說，提出了緩衝存貨假說，認為消費者持有的儲蓄資產相當於一種存貨，可以用來維持消費的穩定，緩衝收入下滑突然帶來的衝擊。在緩衝存貨假說的框架下，消費者的效用最優化問題為：

$$\mathrm{Max} u = E_t \left\{ \sum_{\tau=t}^{\infty} (1+\delta)^{t-\tau} \nu(c_\tau) \right\}$$

資產累積方程為：

$$A_{t+1} = (1+r)(A_t + y_t - c_t)$$

且滿足流動性約束條件：

$$A_t \geq 0$$

其中，δ 表示主觀貼現率，$v(c_\tau)$ 表示瞬時效用函數，y_t 表示 t 期勞動收入，A_t 表示 t 期儲蓄資產，r 為儲蓄利率。Deaton（1991）假設 $\delta > r$，即消費者是缺乏耐心的。

在緩衝存貨假設的框架下，儲蓄資產具有重要的作用，因此消費者會盡量維持一定量的資產：消費者會確立一個資產目標，當目前資產低於該目標時，消費者會降低消費以增加儲蓄，而當資產高於該目標時則會增加消費。

（三）基於有限理性的行為消費理論

20 世紀 80 年代以來，心理學的研究成果被逐漸引入經濟理論中，導致行為經濟學的蓬勃發展。同時，越來越多的經濟學家發現，建立在新古典經濟學框架下的消費理論（新古典消費理論）無法解釋現實生活中的許多經濟現象。因此，經濟學家開始對新古典消費理論的基本假設和理論範式進行修正，提出了一系列新的理論，形成了行為消費理論（馬伯鈞 等，2013）。

行為消費理論並沒有全盤否定新古典消費理論，而是在識別其缺陷的基礎上進行了一系列的修正。在基本假設上，行為消費理論與新古典消費理論主要有三方面的不同。第一，新古典消費理論假設消費者具有穩定的偏好，而行為消費理論則認為消費者的偏好受到具體情境的影響（Kahneman et al., 1986）。第二，古典消費理論假設消費者具有完美的計算能力和執行力，可以憑藉自身意志抵禦過度消費的誘惑，合理安排每一期的消費，實現整個生命週期效用的最大化。行為消費理論則認為消費者的計算能力和意志力都是有限的，消費水準可能會受到主觀情緒的影響。第三，新古典消費理論假設消費者是「完全利己」和「完全自私」的。行

為消費理論則認為消費者在很多情況下可能會表現出「有限自私」「有限利己」的消費行為。在研究範式方面，行為消費理論與新古典消費理論也有不同的側重。新古典消費理論注重規範性研究（Normative Research），主要關心消費者應當如何消費才能達到自身福利的最大化。行為消費理論在進行規範性研究的基礎上，往往更注重實證性研究（Positive Research），希望理解消費者在面對複雜現實狀況時的真實決策過程（馬伯鈞 等，2013）。

行為消費理論主要有以下三大理論觀點：

1. 行為生命週期消費理論

Shefrin 和 Thaler（1988）在古典生命週期消費理論中引入了行為經濟學的理論構架，形成了行為生命週期消費理論。古典生命週期消費理論認為消費者只關心收入的絕對量，而行為生命週期消費理論認為消費者也會關注收入的來源、形式及變化。行為生命週期消費理論具體包括三個方面的主要內容：一是由於心理帳戶的存在，不同性質的收入之間具有不完全可替代性；二是在前景理論的影響下，消費者會對不同的心理帳戶進行分類；三是心理帳戶的分類以及核算頻率會影響消費者的消費決策。

2. 時間跨期偏好遞減理論

經濟學消費理論中的時間偏好是指消費者總是偏好當前的消費甚於未來的消費。時間偏好率則指當前消費與未來消費的邊際替代率，即消費者相對於未來消費而言對當前消費的偏好程度。時間偏好率越高，消費者越看重當前的消費。換言之，消費者越「不耐心」。消費者的時間偏好會影響消費水準在不同時期的分配。時間跨期偏好遞減理論認為，消費者的時間偏好率會隨著時間的延長而遞減，消費者在短期內容易受到外界的誘惑而做出短視行為（Holcomb et al., 1992；Laibson, 1998）。

3. 估測偏見消費理論

估測偏見消費理論建立在習慣形成（Habit Formation）理論的基礎上。習慣形成理論認為當期消費給消費者帶來的效用水準與過去的消費水準有關。過去的消費水準越高，當期消費的效用就越小。習慣形成、情緒變化、環境變化和社會影響等因素會造成消費者的未來偏好與當前偏好產生偏差。估測偏見消費理論認為，人們在預測未來偏好時會傾向於誇大其與當前偏好的相似性，形成估測偏見（Projection Bias）。估測偏見會導致消費者高估當前消費對效用的影響，從而在生命週期的早期過度消費，延遲儲蓄（Loewenstein et al., 2003）。

二、消費結構理論

（一）消費結構的劃分與衡量

消費結構理論研究各種消費支出在家庭總消費支出中所占的比例及其發展變化規律。理論上，人們都有不斷改善消費的需求。因此，隨著收入的提高，消費水準會從低層次向高層次上升。消費層次上升最明顯的特徵是消費內容的優化。恩格斯在 1891 年就提出消費資料可以劃分為三個層次：生活資料、享受資料、發展和表現一切體力和智力所需的資料（馬克思，1961）。馬斯洛的需求層次理論則將人們的需求劃分為生理需求、安全需求、社交需求、尊重需求和自我實現需求五個層次。馬斯洛認為，人們會首先滿足低層次的需求，即生理與安全等方面的需求，然後再滿足社交、尊重和自我實現等高層次的需求。

目前較常用的消費分類方法是將消費劃分為生存資料的消費、發展資料的消費和享受資料的消費三種類型（羅丹 等，2001）。生存資料的消費是為了滿足人們基本生存所需要的體力和智力的支出。發展資料的消費是用來滿足人們為了進一步發展體力和智力的需要。享受資料的消費是用來

滿足人們舒適、快樂和安逸的需要。生存資料的消費是一種低層次的消費，而發展性的消費和享受性的消費是較高層次的消費，可以統稱為非基本需求的消費支出。

19世紀中期，德國統計學家恩格爾對比利時不同收入家庭的消費情況進行了調查，發現伴隨人們收入的增長，食品支出在其總消費中的比重會逐漸下降，這一規律被命名為恩格爾定律。根據這一定律，食品支出總額占個人消費支出總額的比重，即恩格爾系數，可以用來描述消費層次的差異。對一個家庭而言，恩格爾系數會隨著家庭生活水準的上升而下降。推而廣之，對一個國家而言，國家富裕程度的提高也會帶來國民平均恩格爾系數的降低（李培林 等，2000）。恩格爾系數在今天已經成為衡量家庭之間以及國家之間消費層次和生活水準差異的最重要指標之一。國際糧農組織依據恩格爾系數的高低，將消費階層劃分為最貧困階層（0.60以上）、勉強度日階層（0.50~0.59）、小康階層（0.40~0.50）、富裕階層（0.30~0.40）以及最富裕階層（0.30以下）。

在恩格爾的基礎上，經濟學家圍繞需求的收入彈性這一概念對消費結構展開了研究。經濟學中，需求收入彈性衡量的是消費者對某一種商品或服務的需求量隨收入改變的反應程度。假設 Q 為某個商品的需求，I 為居民收入，則該商品的需求收入彈性（E_d）為：

$$E_d = \frac{\frac{\Delta Q}{Q}}{\frac{\Delta I}{I}} = \frac{\Delta Q}{\Delta I} \frac{I}{Q}$$

其中，ΔQ 和 ΔI 分別為需求的變化量和收入的變化量。

需求的收入彈性可以用來衡量商品所屬的消費層次。收入增長時，低檔商品（劣等品）的需求降低，消費者轉而追求更高檔的替代品。因此，低檔商品的需求收入彈性為負。普通商品的需求一般隨著收入的增長而上

升。因此，普通商品的需求收入彈性為正。如果某種商品的需求收入彈性小於1，則該種商品為必需品。如果某種商品的需求收入彈性大於1，說明這種商品需求增長的速度大於收入增長的速度，則該種商品為奢侈品或高檔商品。

基於需求收入彈性，經濟學家開始運用需求函數模型分析居民家庭消費結構，測算不同消費者的消費結構的差異。英國經濟學家Stone在1954年提出了線性支出系統（LES）模型。該模型將居民消費分為基本需求和額外需求兩個部分，其中基本需求不隨消費者收入的改變而變化。在Stone（1954）的基礎上，Lluch和Williams（1975）提出了擴展線性支出系統（ELES）模型，Deaton和Muellbauer（1980）提出了幾近完美需求系統（AIDS）模型。之後，針對恩格爾曲線非線性的特點，Banks等（1997）通過在AIDS模型中加入二次項建立了二次幾近完美需求系統模型（QUAIDS）。Poi（2002）更進一步，在QUAIDS模型中加入了家庭特徵變量使之能夠容納更多的信息。

（二）影響消費結構的因素

消費結構是衡量家庭生活水準和國家發展程度的重要指標。理解消費結構變化背後的驅動因素，可以幫助我們採取有針對性的措施，促進消費升級，提高國民福利。總體來說，居民消費結構的變化受到需求端和供給端兩個方面的影響（見圖3-1）。

1. 影響消費結構變化的需求端因素

從需求端來說，消費結構的變化來源於居民客觀存在的消費需求的變化。前文已經提到，消費需求具有層次性，消費層次的變遷是消費結構升級的基礎。在這一變化過程中，經濟水準是最重要的推動因素。除此之外，消費者的生理特徵和社會屬性也會影響個體消費需求（見表3-1）。

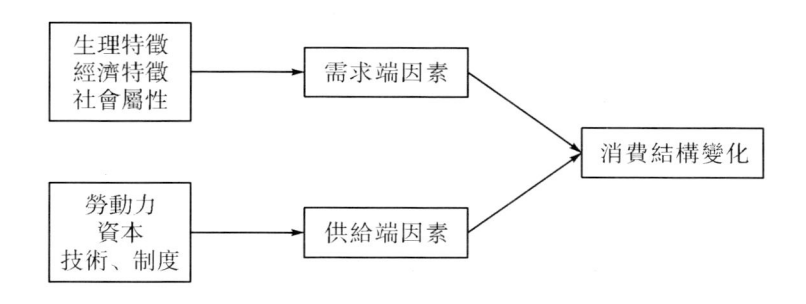

```
┌─────────┐
│生理特徵  │      ┌──────────┐
│經濟特徵  │─────→│需求端因素│
│社會屬性  │      └──────────┘\
└─────────┘                    \   ┌──────────┐
                                →  │消費結構變化│
┌─────────┐                    /   └──────────┘
│勞動力    │      ┌──────────┐/
│資本      │─────→│供給端因素│
│技術、制度│      └──────────┘
└─────────┘
```

圖 3-1　消費結構變化的邏輯框架

資料來源：黃衛挺（2013）的研究。

表 3-1　　　　　　　　影響消費結構的需求端因素

來源	典型特徵	具體因素示例
生理特徵	年齡	年齡結構、老齡化
經濟特徵	收入、職業	收入水準、職業等級
社會屬性	文化、觀念	消費觀念、社會習俗

資料來源：黃衛挺（2013）的研究。

2. 影響消費結構變化的供給端因素

除了需求因素，消費結構的變化還需要供給端的匹配。供給方的生產能力和供給結構是消費結構變化的重要驅動因素，對居民的消費需求具有重要的引導作用。從經典的生產函數來看，供給能力來源於生產要素（主要包括勞動力、資本、技術和制度等），這些要素的組合形成了生產力，並最終形成消費品。在這之中，技術的進步尤為重要。技術進步可以極大地推動產品供給能力，不僅能夠被動地滿足消費者的需求，還能在某種程度上創造新的消費需求（麥克勞，2006）。

第二節　家庭金融租賃發展的金融學理論

家庭金融租賃的存在和發展對於金融市場乃至整個國民經濟都具有重要的理論和現實意義。本節基於金融仲介理論，從交易成本和信息不對稱兩個維度討論家庭金融租賃機構產生的理論機理，剖析其「融資」和「融物」的獨特功能，從而明確發展家庭金融租賃業務的必要性。

金融仲介理論是金融領域最基礎的研究理論之一[①]。其討論可以追溯到18世紀亞當·斯密的專著《國民財富的性質和原因的研究》。此後，古典經濟學家從宏觀層面論述以銀行為典型代表的金融仲介在推動技術進步、資本累積和經濟發展中起到的關鍵作用（Schumpeter，1934）。20世紀50年代以後，大量學術研究把金融機構的仲介屬性與交易成本、信息不對稱、金融不確定性、風險管理等因素相結合，開啓了金融仲介的微觀理論研究。

金融仲介是從事金融合同和證券買賣活動的專業經濟部門（Freixas et al.，1997）。以銀行為代表的傳統金融仲介的本質就是在儲蓄—投資轉化過程中，成為最終借款人和最終貸款人之間的第三方，即從存款人手中借錢，又貸放給借款人。金融仲介機構既擁有對借款人的債權，又向貸款人發行債權，繼而成為金融活動的一方當事人。融資租賃公司作為連通資金需求方（承租人）和產品供應商（供貨商）的金融機構，是現代金融仲介的重要代表。金融租賃公司作為一個載體，一方面可以通過吸收股東投資，或在貨幣市場、資本市場採取借貸、拆借、發債、上市等融資手段拉

[①] 張穎. 漸顯的光芒：中國融資租賃發展理論基礎與實踐創新［M］. 北京：中國金融出版社，2017：67.

動銀行貸款，吸收社會投資；另一方面，金融租賃公司利用貨幣市場或銀行資金開展租賃業務，可以減少銀行直接對企業的固定資產貸款，增加資產的流動性，減少銀行信貸風險。所以，本節參考張穎（2017）的論述，從交易成本和信息不對稱兩個維度，分析金融租賃公司作為金融仲介機構在提高市場效率、促進資源配置方面發揮的重要作用。

一、金融租賃與交易成本

交易成本曾經是解釋金融仲介存在的一個主要因素，正如 Benston George（1976）所述：「這一行業（指金融仲介業）存在的原因在於交易成本。」交易成本包括貨幣交易成本、搜尋成本、監督和審計成本等。融資租賃公司作為金融仲介的重要成員，其所提供的金融產品、融資租賃服務能顯著地降低家庭交易成本。具體而言，體現在以下三個方面：

第一，家庭金融租賃公司的專業化服務不僅可以帶來融資層面的規模效應，也可通過批量採購形成融物層面的規模效應。首先，家庭金融租賃公司在為家庭承租人提供金融租賃服務時，無論是基本的業務流程，還是收集整理的專業信息以及開發設計的相關產品，基本上都適用於大量具有相同特徵的承租人，從而在一定程度上降低了融資租賃服務成本，形成規模效應。其次，家庭金融租賃企業在資金獲取方面，無論是內部融資還是外部融資，均比單一家庭的個體融資更具備規模效應。最後，由於家庭金融租賃公司可與租賃物供應商建立長期穩定的合作關係，其議價能力較單個承租人更強，從而可以降低租賃物的總體購買成本。

第二，家庭金融租賃公司能以較低成本雙向獲取承租人和供應商的重要信息。一方面，金融租賃公司具有一套專業的風險管理體系，不但能對承租人進行完備的盡職調查，還能有效地動態監控租賃物的使用情況，在資金需求方調查和管控方面較其他金融機構有明顯的比較優勢；另一方

面，由於金融租賃公司與供應商、多方承租人之間存在緊密的合作關係，其在市場環境變化、產品銷售和使用、售後服務和保養等諸多方面比單個承租人能更及時地獲取信息。

第三，家庭金融租賃公司不但為單個家庭和個人提供了便捷的新型融資方式，還有效地降低了租賃物的處置成本。金融租賃公司往往規模大、信用高，具有較強的資金流動性。因此，相對於單一家庭和個人而言，家庭金融租賃公司的資金成本較低。同時，金融租賃公司具有較強的租後資產處置能力，能更好地構建二手租賃資產交易體系，實現租賃資產事後的有效配置。

二、金融租賃與信息不對稱

信息不對稱理論是指在市場經濟活動中，交易各方對信息的瞭解存在差異，即充分掌握信息的一方，往往在交易中處於比較有利的地位，而信息匱乏的另一方，則處於比較不利的地位。由於市場中賣方比買方更瞭解有關商品的各種信息，賣方就可以憑藉其信息優勢獲得商品價值以外的超額報酬。因此信息不對稱就造成市場交易雙方的利益失衡，即信息優勢一方做出不道德行為（Moral Hazard）[1]，而信息劣勢一方則面臨交易中的逆向選擇（Adverse Selection）[2]。信息不對稱最終會扭曲市場機制，深刻影響社會公平、公正原則並降低資源的配置效率。

因此，家庭金融租賃作為家庭承租人與租賃物供應商之間的橋樑，既可以降低事前信息不對稱引起的信息劣勢方（家庭承租人）的逆向選擇，

---

[1] 不道德行為，是從事經濟活動的人在最大限度增進自身效用的同時做出的不利於他人的行動，或者當簽約一方不完全承擔風險後果時所採取的使自身效用最大化的自私行為。

[2] 逆向選擇，指的是市場交易的一方如果能夠利用多於另一方的信息使自己受益且對方受損時，信息劣勢的一方便難以順利地做出買賣決策。於是在這一情況下，價格便隨之扭曲，劣質品驅逐優質品，並最終失去供求平衡，降低市場效率。

又可以降低事後信息不對稱引起的信息優勢方（供應商）的不道德行為。一方面，金融租賃機構作為金融仲介，具有專業的信息收集和管理技術，可為承租家庭和供應商提供有效的交易信息，比如，買方承租人的個人信息、財務狀況、信用狀態，以及賣方租賃物的規格型號、質量價格、售後服務等有效信息；另一方面，金融租賃公司與家庭承租人簽訂金融租賃合同，並在租賃期間對租賃物的使用進行動態監督。這樣，家庭承租人既不能刻意損壞租賃物，也不能在使用過程中隨意改變租賃物的使用途徑，更不能通過變賣其不具所有權的租賃物獲取非法利益。同時，在租賃期結束後，家庭承租人需按合同規定將租賃物退還給家庭金融租賃公司，有效地保障了租賃物的殘餘價值。因此，金融租賃可通過事中監督和事後保全等多種手段降低家庭承租人的總體道德風險。

第三節　金融租賃文獻綜述

目前，國內外學者從微觀和宏觀兩個層面對金融租賃的發展、性質、功能，以及在資本市場的應用進行了深入的研究。

一、國外文獻綜述

在企業微觀層面，歐美學者分別從代理成本理論、稅收差別理論和債務替代理論三個方面解釋了企業從事金融租賃的原因和動機。代理成本理論認為金融租賃具有融資和融物的雙重屬性，在融物基礎上進行融資，能有效地防止資金濫用，從而降低企業代理成本（Bradley，1984）。稅收差別理論認為出租人和承租人能通過資產租賃進行稅收套利，獲得不同程度

的稅收收益（Barclay et al.，1995）。研究者通過企業微觀數據實證發現，企業所得稅越低，稅收收益就越會在承租人和金融租賃公司之間進行轉移。這樣，相對於直接購買，企業通過金融租賃能得到更多的收益。債務替代理論則認為金融租賃與企業負債存在相互代替的關係，即企業金融租賃額越大，其負債就越小。但 Ang 和 Peterson（1984）以及 Eisfeldt 和 Rampini（2007）的研究發現，租賃和債務融資之間也存在互補關係，即公司租賃融資規模越大，租賃債務融資關係也越大。

區別於大量的微觀研究，國外也有一些研究基於金融發展與經濟增長關係的理論框架，分析了金融租賃在經濟增長中發揮的作用。Berger 和 Udell（2006），以及 Cull 等（2006）闡釋了金融租賃緩解中小企業的資金瓶頸，從而促進經濟發展的作用機理。世界銀行國際金融公司（1996，1997，1998，2005 及 2011）通過多年的數據跟蹤發現，金融租賃已經成為存在金融壓抑和利率管制國家的中小企業外源融資的重要手段。除此以外，宮內義彥（1990）從宏觀角度出發，強調了金融租賃對宏觀經濟的拉動作用，特別是在發展中國家，金融租賃的金融優勢更加明顯。

二、國內文獻綜述

在微觀層面，郭薇（2009）分析了金融租賃作為一種特殊的融資方式，在企業合理避稅、增強現金流和改善企業資產結構等方面發揮的作用。李明亮和劉文歌（2005）以船舶業為例，分析了金融租賃在擴展企業融資渠道、減輕還款壓力、盤活企業存量資產和增加核心競爭力等方面發揮的重要作用。羅曉春（2012）則著重闡述了小微企業可以通過金融租賃這種具有較低融資門檻的方式，來繞過銀行重資信和抵押的信用評估體系，從而緩解小微企業融資難的問題。

在宏觀經濟層面，沙泉（2010）和屈延凱（2000）的研究都發現金融

租賃對個人、企業和政府有著正面影響。金融租賃可以更好地服務於產業結構調整和基礎設施建設，並配合政府的宏觀經濟政策。史燕平（2007）基於凱恩斯的宏觀經濟分析框架，分析了融資租賃與投資、出口、就業和經濟增長的關係，並利用日本數據，發現日本租賃業和GDP存在一定的長期均衡關係，即金融租賃有利於擴大企業的固定資產投資需求，進而拉動總需求的增長，促進經濟發展。王涵生（2010）通過研究48個國家的租賃滲透率和GDP的數據模型，發現租賃滲透率和經濟增長具有顯著的正關係，且在短期內，財政政策和金融政策都對租賃滲透率有顯著的影響。劉通午等（2012）以天津濱海新區為例，實證檢驗了金融租賃對於經濟增長的規模效應。朱偉隆（2018）採用實證研究方法，量化了中國融資租賃業對中國實體經濟的促進作用。他發現融資租賃業務總量每增加1%，實體經濟相關代表行業的總增加值將會增長約0.163%，而實體經濟相關代表行業固定資產投資總額將會增加約0.237%。

除了企業金融租賃的研究，越來越多的學者還開始從事住房租賃方面的研究。比如，吳翔華等（2018）採用問卷調查的方法，對南京市外來務工人員住房租買情況進行統計調查分析，並從家庭屬性、住房屬性、經濟因素、制度因素、心理因素和社會權利六方面出發，採用19個指標檢驗家庭住房租賃和購買的選擇意願。他們發現，在家庭屬性方面，年齡小、無子女、收入低、工作年限低的外來務工人員更願意租房。同時，房屋的價格與家庭的租賃意願存在反比關係。住房保障方式，如租房租金補貼和公共租賃房屋，與租賃意願成正比。

西方經濟理論認為（Henderson et al.，1983；Bourassa，1995），當消費需求大於投資需求時，消費者選擇租房居住的概率較大；反之，消費者選擇購房居住的概率較大。因為擁有了住房的產權就意味著擁有了一份投資，如果沒有在住宅領域投資的需求，消費者完全可以通過租房解決居住

問題。但王輝龍和王先柱（2011）在考察中國居民的住房買租選擇因素時，提出了文化因素和制度背景。從文化因素來看，中國人對「頭上無片瓦遮風，腳下無寸土立地」的窘境有著極端的恐懼，租住在別人的房子裡，始終沒有安全感；從制度背景來看，中國的戶籍對居民家庭生活十分重要，入托上學、社會保險以及就業等都與戶籍掛勾，沒有自己的產權住宅，就沒有辦法落戶。因此，當面臨成家，特別是當小孩要出生的時候，買房成為絕大部分城市居民的「必須選擇」。

第四章　發展中國家庭租賃的理論分析

下面我們基於動態博弈模型的框架，分析消費者、家庭金融租賃和分期付款消費三者之間的相互影響關係。

第一節　金融租賃與分期付款動態博弈模型分析

一、金融租賃和分期付款情況下的等期望支出

我們假設 r_s 等於存款利率，r_L 等於貸款利率，r_b 等於同業拆借利率，那麼：

租賃方式下的期望支出

對家庭來說 $\alpha + p_R \dfrac{\alpha}{1+r_s} + (1-p_R) \times 0$

對廠商來說 $\alpha + p_R \dfrac{\alpha}{1+r_b} + (1-p_R) \times 0 + \dfrac{1-\delta^R}{1+r_b} - (1-\eta)$

分期方式下的期望支出

對家庭來說 $\xi + p_B \dfrac{(1-\xi)(1+r_L)}{1+r_s} + \dfrac{1-\delta^H}{1+r_s}$

對廠商來說 $\xi + p_B \dfrac{(1-\xi)(1+r_L)}{1+r_b}$

令家庭在兩種方式下支出相等：

$$\underbrace{\alpha + p_R \dfrac{\alpha}{1+r_s}}_{\equiv f_1(\alpha;\, p_R,\, r_s)} = \underbrace{\xi + p_B \dfrac{(1-\xi)(1+r_L)}{1+r_s} + \dfrac{1-\delta^H}{1+r_s}}_{\equiv f_2(\xi;\, p_B,\, r_L,\, r_s,\, \delta^H)} \qquad (4-1)$$

在其他條件不變的情況下，f_1 有：$\alpha\uparrow$，$f_1\uparrow$；$p_R\uparrow$，$f_1\uparrow$；$r_s\uparrow$，$f_1\downarrow$。

在其他條件不變的情況下，f_2 有：$\xi\uparrow$，$f_2\downarrow(\uparrow)$；$p_B\uparrow$，$f_2\uparrow$；$r_L\uparrow$，$f_2\downarrow$；$r_s\uparrow$，$f_2\downarrow$；$\delta^H\uparrow$，$f_2\downarrow$。

其中 $\dfrac{\partial f_2}{\partial \xi} = 1 + p_B \dfrac{(-1)(1+r_L)}{1+r_s} \xrightarrow[r_L > r_s]{p_B > \frac{1+r_s}{1+r_L}\text{時}} 1 - \dfrac{1+r_L}{1+r_s} < 0$

若 $0 \leqslant p_B < \dfrac{1+r_s}{1+r_L}$，則 $\dfrac{\partial f_2}{\partial \xi} > 0$

由式(4-1)得到：$\alpha = g_1(\xi) = \dfrac{1}{1+\dfrac{p_R}{1+r_s}}\left[\xi + p_B \dfrac{(1-\xi)(1+r_L)}{1+r_s} + \dfrac{1-\delta^H}{1+r_s}\right]$

$\dfrac{\partial \alpha}{\partial \xi} = \dfrac{1}{1+\dfrac{p_R}{1+r_s}} \times \left[1 - p_B \dfrac{1+r_L}{1+r_s}\right]$

(1) 當 $p_B > \dfrac{1+r_s}{1+r_L}$ 時：即 $\dfrac{\partial \alpha}{\partial \xi} > 0$，銀行面對的風險小。

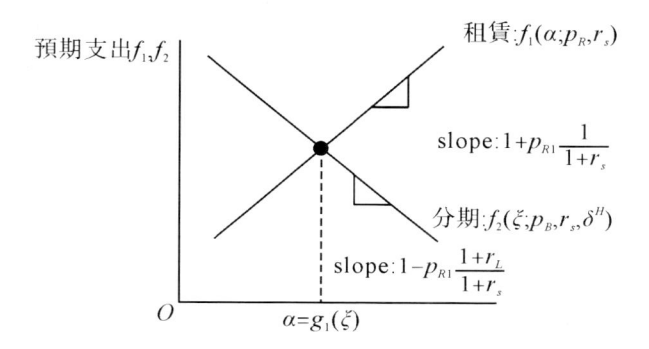

[圖:預期支出 f_1, f_2 與 $\alpha = g_1(\xi)$ 之關係圖，租賃線 $f_1(\alpha; p_R, r_s)$ 斜率為 $1+p_{R1}\dfrac{1}{1+r_s}$，分期線 $f_2(\xi; p_B, r_s, \delta^H)$ 斜率為 $1-p_{R1}\dfrac{1+r_L}{1+r_s}$]

（2）當 $0 \le p_B < \dfrac{1+r_s}{1+r_L}$ 時：即 $\dfrac{\partial \alpha}{\partial \xi} < 0$，銀行面對的風險大。

因為 $0 \le p_B < \dfrac{1+r_s}{1+r_L} \Rightarrow 0 \le p_B \dfrac{1+r_L}{1+r_s} < 1 \Rightarrow 0 < 1 - p_B \dfrac{1+r_L}{1+r_s} \le 1$

又因為 $1 + p_B \dfrac{1}{1+r_s} \ge 1$，故 f_1 比 f_2 陡峭。

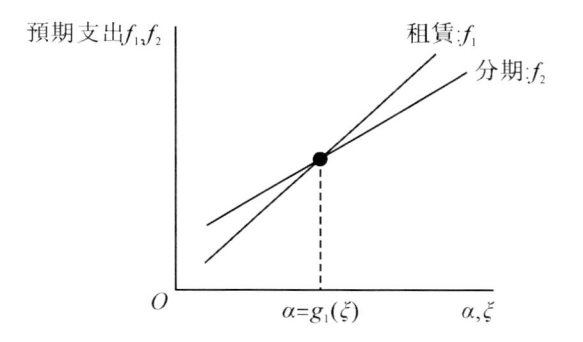

[圖:預期支出 f_1, f_2 對 α, ξ 之關係圖，租賃:f_1 與 分期:f_2 於 $\alpha = g_1(\xi)$ 處相交]

（3）當 $p_B = \dfrac{1+r_s}{1+r_L}$ 時，即 $1 - p_B \dfrac{1+r_L}{1+r_s} = 0$，銀行面對的風險適中。

預期支出 f_1, f_2　租賃:f_1

分期:f_2

$\alpha = g_1(\zeta)$　　α, ξ

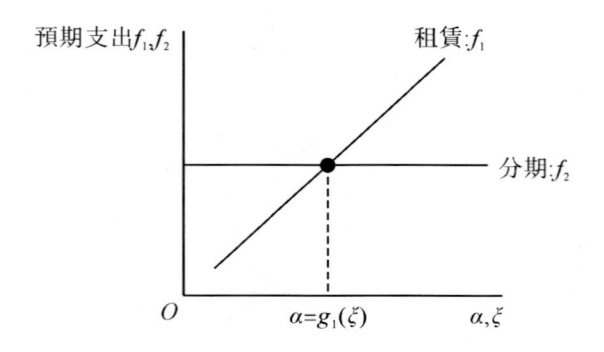

二、金融租賃和分期付款情況下的等預期利潤

$$\underbrace{\alpha + p_R \frac{\alpha}{1+r_b} + \frac{1-\delta^R}{1+r_b} - (1-\eta)}_{\equiv f_3(\alpha;\; p_R,\; r_b,\; \delta^R,\; \eta)} = \underbrace{\xi + p_B \frac{(1-\xi)(1+r_L)}{1+r_b}}_{\equiv f_4(\xi;\; p_B,\; r_L,\; r_b)} \quad (4-2)$$

在其他條件不變的情況下，f_3 有：$\alpha\uparrow$，$f_3\uparrow$；$p_R\uparrow$，$f_3\uparrow$；$r_b\uparrow$，$f_3\downarrow$；$\delta^R\uparrow$，$f_3\downarrow$；$\eta\uparrow$，$f_3\uparrow$。

在其他條件不變的情況下，f_4 有：$\xi\uparrow$，$f_4\downarrow(\uparrow)$；$p_B\uparrow$，$f_4\uparrow$；$r_L\uparrow$，$f_4\downarrow$；$r_b\uparrow$，$f_4\downarrow$。

其中 $\dfrac{\partial f_4}{\partial \xi} = 1 - p_B \dfrac{1+r_L}{1+r_b}$
$$\begin{cases} > 0, \text{當 } 0 \leq p_B < \dfrac{1+r_b}{1+r_L} \text{ 時} & (i.\,e.\ p_B\ \text{低，風險高}) \\[4pt] = 0, \text{當 } p_B = \dfrac{1+r_b}{1+r_L} \text{ 時} & (i.\,e.\ p_B\ \text{適中}) \\[4pt] < 0, \text{當 } 1 \geq p_B > \dfrac{1+r_b}{1+r_L} \text{ 時} & (i.\,e.\ p_B\ \text{高，風險低}) \end{cases}$$

（1）當 $0 \leq p_B < \dfrac{1+r_b}{1+r_L}$ 時，即 $\dfrac{\partial f_4}{\partial \xi} > 0$，銀行面對的風險大。

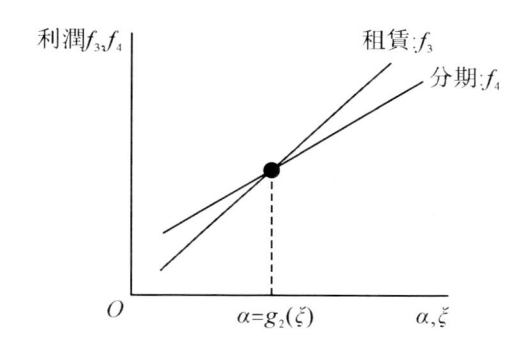

$$\left.\begin{array}{l}\dfrac{\partial f_4}{\partial \xi} = 1 - p_B \dfrac{1+r_L}{1+r_b} \lessgtr 1 \\[2ex] \dfrac{\partial f_3}{\partial \alpha} = 1 + p_R \dfrac{1}{1+r_b} \geqslant 1\end{array}\right\} f_3 \text{ 更陡峭，} f_4 \text{ 更平緩}$$

由式(4-2)得到：

$$\alpha = g_2(\xi) = \dfrac{1}{1 + p_R \dfrac{1}{1+r_b}}\left[\xi + p_B \dfrac{(1-\xi)(1+r_L)}{1+r_b} + (1-\eta) - \dfrac{1-\delta^R}{1+r_b}\right]$$

其中 $\dfrac{\partial \alpha}{\partial \xi} = \underbrace{\dfrac{1}{1 + p_R \dfrac{1}{1+r_b}}}_{+} \underbrace{\left[1 - p_B \dfrac{1+r_L}{1+r_b}\right]}_{=\dfrac{\partial f_4}{\partial \xi},\ 符號取決於 p_B 的取值範圍}$

(2) 當 $p_B > \dfrac{1+r_b}{1+r_L}$ 時，即 $\dfrac{\partial f_4}{\partial \xi} < 0$，銀行面對的風險小。於是我們有 $\dfrac{\partial g_2}{\partial \xi} < 0$。

(此處有圖：利潤 f_3, f_4 對 α, ξ 的圖，租賃曲線 $f_3(\alpha; p_R, r_b, \delta^R, \eta)$ 向下傾斜，分期曲線 $f_4(\xi; p_B, r_L, r_b)$ 向上傾斜，交點為 $\alpha = g_2(\xi)$)

(3) 當 $p_B = \dfrac{1+r_b}{1+r_L}$ 時，即 $\dfrac{\partial f_4}{\partial \xi} = 0$，銀行面對的風險適中。於是我們有 $\dfrac{\partial g_2}{\partial \xi} = 0$。

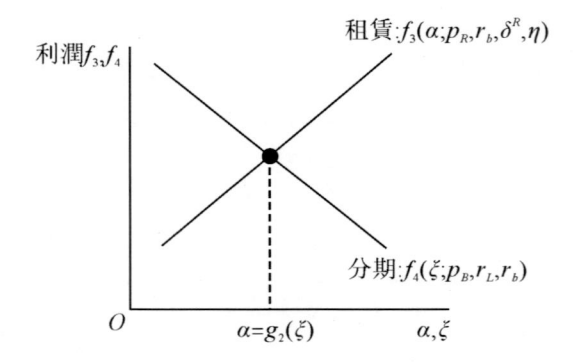

(此處有圖：利潤 f_3, f_4 對 α, ξ 的圖，租賃曲線 $f_3(\alpha; p_R, r_b, \delta^R, \eta)$ 向上傾斜，分期曲線 $f_4(\xi; p_B, r_L, r_b)$ 水平，交點為 $\alpha = g_2(\xi)$)

三、基準模型分析

從等預期支出條件可以得到：

$$\alpha = g_1(\xi) = \frac{1}{1+\dfrac{p_R}{1+r_s}}\left[\xi + p_B\frac{(1-\xi)(1+r_L)}{1+r_s} + \frac{1-\delta^H}{1+r_s}\right] \quad (4-3)$$

從等預期利潤條件可以得到：

$$\alpha = g_2(\xi) = \frac{1}{1 + \dfrac{p_R}{1 + r_b}}\left[\xi + p_B \frac{(1-\xi)(1+r_L)}{1+r_b} + (1-\eta) - \frac{1-\delta^R}{1+r_b}\right]$$

$$(4-4)$$

聯立式 (4-3) 和式 (4-4)，可解出 α^*、ξ^*：

$$\frac{1}{1+\dfrac{p_R}{1+r_s}}\left[\xi + p_B\frac{(1-\xi)(1+r_L)}{1+r_s} + \frac{1-\delta^H}{1+r_s}\right]$$

$$= \frac{1}{1+p_R\dfrac{1}{1+r_b}}\left[\xi + p_B\frac{(1-\xi)(1+r_L)}{1+r_b} + (1-\eta) - \frac{1-\delta^R}{1+r_b}\right]$$

經演算，我們得到：

$$\frac{1}{1+\dfrac{p_R}{1+r_s}}\left[1 - \frac{p_B(1+r_L)}{1+r_s}\right]\xi + \frac{1}{1+\dfrac{p_R}{1+r_s}}\left[\frac{p_B(1+r_L)}{1+r_s} + \frac{1-\delta^H}{1+r_s}\right]$$

$$= \frac{1}{1+\dfrac{p_R}{1+r_b}}\left[1 - \frac{p_B(1+r_L)}{1+r_b}\right]\xi + \frac{1}{1+\dfrac{p_R}{1+r_b}}\left[\frac{p_B(1+r_L)}{1+r_b} + (1-\eta) - \frac{1-\delta^R}{1+r_b}\right]$$

$$\Rightarrow \left[\frac{1}{1+\dfrac{p_R}{1+r_s}} - \frac{1}{1+\dfrac{p_R}{1+r_b}} + \frac{1}{1+\dfrac{p_R}{1+r_b}}\frac{p_B(1+r_L)}{1+r_b} - \frac{1}{1+\dfrac{p_R}{1+r_s}}\frac{p_B(1+r_L)}{1+r_s}\right]\xi$$

$$= \frac{1}{1+\dfrac{p_R}{1+r_b}}\left[\frac{p_B(1+r_L)}{1+r_b} + (1-\eta) - \frac{1-\delta^R}{1+r_b}\right] - \frac{1}{1+\dfrac{p_R}{1+r_s}}\left[\frac{p_B(1+r_L)}{1+r_s} + \frac{1-\delta^H}{1+r_s}\right]$$

$$\xi^* = \frac{\dfrac{1}{1+\dfrac{p_R}{1+r_b}}\left[\dfrac{p_B(1+r_L)}{1+r_b} + (1-\eta) - \dfrac{1-\delta^R}{1+r_b}\right] - \dfrac{1}{1+\dfrac{p_R}{1+r_s}}\left[\dfrac{p_B(1+r_L)}{1+r_s} + \dfrac{1-\delta^H}{1+r_s}\right]}{\left[\dfrac{1}{1+\dfrac{p_R}{1+r_s}} - \dfrac{1}{1+\dfrac{p_R}{1+r_b}} + \dfrac{1}{1+\dfrac{p_R}{1+r_b}}\dfrac{p_B(1+r_L)}{1+r_b} - \dfrac{1}{1+\dfrac{p_R}{1+r_s}}\dfrac{p_B(1+r_L)}{1+r_s}\right]}$$

進而可求出 α^* [代入 $g_1(\xi)$ 或 $g_2(\xi)$]：

$$\alpha^* = \frac{1}{1+\dfrac{p_B}{1+r_s}}\left[1 - \frac{p_B(1+r_L)}{1+r_s}\right]\xi^* + \frac{1}{1+\dfrac{p_B}{1+r_s}}\left[\frac{p_B(1+r_L)}{1+r_s} + \frac{1-\delta^H}{1+r_s}\right]$$

四、比較靜態分析

情況 1：當金融租賃公司進貨折扣增加，或者金融租賃公司殘值處理越多，或者金融租賃公司的風險降低時，且銀行風險本身很小及不變的情況。該情況下：

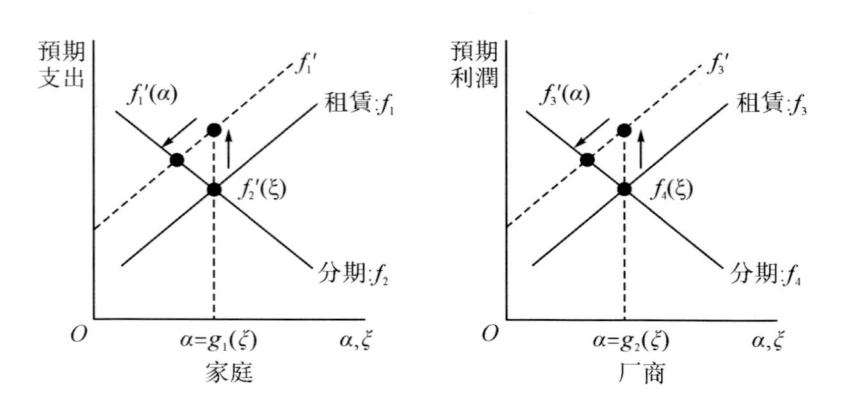

金融租賃公司的風險降低（f_1 移動到 f_1'）一方面導致家庭在租金上的期望支出增加，另一方面導致金融租賃公司的預期利潤增加。為了與金融租賃公司形成競爭，銀行就需要降低分期付款的首付比例來吸引更多客戶。那麼，為了應對銀行降首付的舉動，金融租賃公司也要相應地減少租金。但即使在首付比例和租金都降低的情況下，銀行和金融租賃公司的利潤都還是比以前有所提高。換言之，金融租賃公司風險降低的直接後果就是金融租賃公司和銀行都可以以降低首付來吸引客戶，且其利潤不會減少。（當①p_R 增加，金融租賃公司風險降低，或者②進貨折扣 η 增加，或者③金融租賃公司使用損耗 δ^R 越少，殘值處理越多的情況下，金融租賃公司和銀行的利潤上升，且租金 α 和銀行分期付款首付 ξ 都會降低）。

情況 2：當銀行貸款利率上升或銀行風險降低，但金融租賃風險不變的情況。該情況下：

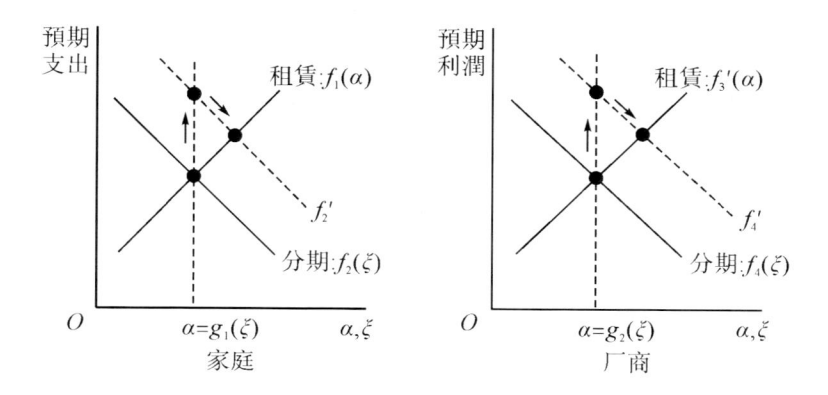

銀行風險降低一方面導致家庭在分期上的期望支出變大，另一方面導致銀行的預期利潤增加。為了與銀行競爭，金融租賃公司需要提高利潤，相對應地增加租金。在此情況下，為了與金融租賃公司同步，銀行也要提高其分期首付。那麼，銀行和金融租賃公司的利潤都比以前增加。在這種情況下，對於家庭消費者來說，其第一期支付費用都是增加的。換言之，銀行或者金融租賃公司利潤的增加是建立在消費者首次支付費用增加的基礎上的。（當 p_B 增加，銀行風險降低，金融租賃公司和銀行的利潤上升，但租金 α 和銀行分期付款首付 ξ 也會增加）。

通過以上模型分析，我們可知：雖然有效控制銀行風險可以使金融租賃公司和銀行的利潤上升，但是消費者會支出較多的首付，增加其首付負擔壓力。反之，若想降低消費者的首付壓力，金融租賃公司和銀行的利潤必將降低，出現此消彼長的現象。但是，若是大力發展家庭金融租賃，提升家庭租賃信用，降低家庭金融租賃風險，不但可以提高金融租賃公司和銀行的利潤，還可以有效地降低家庭租金支出，釋放其消費能力，促進經濟發展。

第二節　基於金融學視角的租購綜合模型分析

租賃的流行使得經濟學家開始試圖通過經濟學理論來比較租賃與購買（包括全款購買和分期付款購買）這兩種消費方式的差異。下面我們將首先在傳統的現金流差異視角下分析租賃與購買的差異，其次通過解析租賃合約隱含的期權價值進一步闡述租賃和購買的不同之處，最後利用離散選擇模型比較租賃與購買的優勢，從而在理論上分析租賃和購買的適合群體。

一、傳統的現金流差異視角

較早對租賃和分期購買這兩種消費方式進行比較的經濟學研究多採用傳統的金融現金流分析法。總體而言，相比於分期購買，租賃的現金流支出較少，但其劣勢在於租期結束後消費者並不擁有商品的所有權。基於這一差異，很多學者（Patrick，1984；Scerbinski，1988）從現金流的角度對租賃與購買決策的成本收益進行了比較分析。其中，Nunnally 和 Plath（1989）提出的理論框架較為直觀：

假設對同一種商品，消費者有兩種選擇：分期付款和租賃。同時，我們假設兩種消費選擇具有相同的還款期限（n）。另外，D 和 S 分別代表分期付款的首期付款額和租賃合約的首期付款額，且分期付款的首付金額大於租賃的首付金額（$D > S$），則租賃合約在期初可以為消費者所節省的現金流支出 C 可以表示為：

$$C = D - S$$

此外，P_t 與 L_t 分別代表分期付款的每期付款額以及租賃的租金，且有 $P_t > L_t$，那麼每一期租賃合約為消費者所節省的現金流支出 M_t 可以表示為：

$$M_t = P_t - L_t$$

最後，假設 R_n 為 n 期結束後該商品的殘值，以及租賃所需要的最低回報率（Hurdle Rate）為 k，則：

$$R_n = C(1+k)^n + \sum_{t=1}^{n} M_t (1+k)^t$$

只有當消費者自有資金的投資回報率大於 k 時，通過租賃節省的初期現金流支出才能夠彌補租賃合約結束後消費者失去的殘值（R_n）。反之，如果消費者持有的資金投資回報率小於租賃所需的最低回報率 k，則分期付款是成本更低的選擇。

在這一框架下，對消費者而言，選擇租賃或者分期付款的關鍵是資金的機會成本。只有當消費者持有的資金具有較高的回報率時，租賃才可以為消費者節約現金流支出，從而滿足消費需求，減少投資收益損失。

二、租賃合約隱含的期權價值視角

隨著研究的推進，學術界認識到僅僅從現金流差異的視角對租賃與購買行為進行分析並不全面，尤其是它忽略了租賃合約中隱含的期權價值。例如，在美國汽車消費市場，大部分的租賃合約是所謂「Closed-end 合約」。在這種合約之下，租賃期結束後，消費者只要歸還租賃商品即可，不需要承擔租賃商品在租賃期內市場價值變動的風險。此外，大部分的租賃合約會給予消費者在租期結束後以一個事先定好的價格購買租賃商品的權利。這類合約被稱為「Guaranteed buy back」租賃合約。「Guaranteed buy back」租賃合約實際上讓消費者得到一個隱含的期權：消費者在租期結束後具有以一個規定好的價格購買商品的權利而非義務。

Miller（1995）較早注意到了租賃合約的這一期權特性。在 Miller（1995）的框架下，租賃合約期限為 T，且汽車在 T 時間的價格 P_T 服從以下對數正態分佈（Log-Normal Distribution）：

$$P_T = P_0 \exp(-GT)$$

其中，P_0 是汽車的初始價格，G 代表汽車每期的折舊率。G 服從均值為 $\bar{G}$、方差為 σ^2 的正態分佈。因此，$\log P_t = \log P_0 - GT$ 也服從正態分佈，均值為 $\mu = \log P_0 - \bar{G}T$，方差為 $T^2\sigma^2$。根據對數正態分佈的特性，P_T 的均值為 $\bar{P}_T = \exp(\mu + 0.5T^2\sigma^2)$，方差為 $[\exp(2\mu + T^2\sigma^2)][\exp(T^2\sigma^2) - 1]$，並且不會存在負值。租賃合約為「Guaranteed buy back」合約，消費者在租期結束後可以以 P^* 的價格購買租賃商品。

在這一框架下，租賃合約中的消費者實際擁有了一個歐式看漲期權。比如標的資產為租賃的汽車，行權價為 P^*，期限為 T。租賃期滿後，如果汽車的殘值 P_T 大於 P^*，消費者可以選擇行權：以 P^* 的價格從租賃公司購買汽車，並在市場上出售獲得 P_T，實際獲利為 $P_T - P^*$；如果汽車的殘值 P_T 小於 P^*，則消費者可以放棄行權，且不用承擔額外損失。根據期權定價模型，這個期權的價值（C）為：

$$C = \bar{P}_T N(d_1) - P^* N(d_2)$$

其中，

$$d_1 = T\sigma + (\mu - \log P^*)/T\sigma$$

$$d_2 = d_1 - T\sigma$$

$N(\ )$ 代表累積正態分佈函數。

在此框架下，Miller（1995）首先考慮了全款購買的成本。假設消費者在 T 時間後將全款購買的商品賣出，則全款購買對於風險中性的消費者的期初成本可以表示為：

$$P_0 - PV[\bar{P}_T]$$

其中，P_0 為商品的期初價格，$\bar{P}_T$ 為商品在 T 時間的平均價值，PV 代表風險中性消費者的現值。

與此同時，Miller（1995）也考慮了一個時長為 T 的分期購買合約，假設合約期滿後消費者賣出所購買的商品，則該合約對於風險中性的消費者的期初成本為：

$$D_0^F + PV[M_1^F + \cdots + M_T^F - \bar{P}_T]$$

其中，D_0^F 為分期購買合約的首付額，M_T^F 為分期購買合約的每期付款額，$\bar{P}_T$ 為商品在 T 時間的平均價值，PV 代表風險中性消費者的現值。

相應地，一個時長為 T 的租賃合約對風險中性的消費者的期初成本可以表示為：

$$D_0^L + PV[M_1^L + \cdots + M_T^L - C]$$

其中，D_0^L 為租賃合約的首付額，M_T^L 為每期租金，C 為租賃合約隱含的在 T 時間的期權價值，PV 代表風險中性消費者的現值。

通過分析上式，我們可以發現，租賃合約的期權價值（C）越大，租賃的實際成本越低，租賃合約也越有吸引力。對租賃的期權價值產生重要影響的因素主要有以下兩個：

（1）商品初始價格（P_0）：商品初始價格越高，期權價值越大，租賃成本越低。即租賃更適合價值較大的商品。

（2）商品的價值變化的不確定性（σ^2）：商品的價值變化的不確定性越大，期權價值越大，租賃成本越低。這說明租賃有助於幫助消費者減少商品價值波動帶來的風險。

三、離散選擇模型視角

前文的分析大多只重點關注影響租賃合約的某一個方面，如現金流和

租後期權。在這一部分，我們將基於 Dasgupta 等（2007）的離散選擇模型，對租賃與購買行為進行更加系統全面的分析比較，並討論其消費群體適合性。

（一）離散選擇模型的基本概念

離散選擇模型是用於測量消費者如何在不同產品/服務中進行選擇的經典經濟學模型。其要素主要包括以下四個方面：

（1）決策者，即做出選擇的行為主體。

（2）備選方案，即決策者可以選擇的不同方案（如方案 A、B、C）。

（3）方案的各個屬性，例如商品質量、價格高低、使用便利性等多重因素。在決策者考慮範圍內的每一種因素都可以稱之為方案的一個屬性。

（4）決策準則。效用最大化準則是經濟學中最常用的決策準則。「效用」是經濟學中的核心概念之一，是用來衡量消費者從商品或服務之中獲得的幸福或者滿足的尺度。通俗來講，「效用」可以理解為消費者的滿意度。效用最大化準則認為消費者會綜合考量備選方案的各個屬性，最後做出為其帶來最大滿意度的決策。以汽車消費為例，不同的汽車在價格、外觀、乘坐舒適度、性能等屬性上都具有區別。在其他因素相同的情況下，價格越低，效用越高；外觀越美觀，效用越高；乘坐的舒適度越高，效用越高；性能越好，效用越高。因此，消費者會綜合比較不同汽車的各個方面的屬性，選擇能給自己帶來最大滿意度的方案。

（二）全款購買、分期付款與租賃三種方案的屬性總結

為了在離散選擇模型的框架下對全款購買、分期付款和租賃這三種備選方案進行比較，我們首先梳理了這三種方案的主要屬性，結果見表 4-1。

表 4-1　全款購買、分期付款與租賃三種方案的主要屬性特點

項目	全款購買（Full-price purchase）	分期付款（Financing）	租賃（Leasing）	比較
合約期限（Term）	0	分期還款期限（T_F）	租賃期限（T_L）	$T_F \geq T_L > 0$
首期付款額（Down payment）	商品全價（P）	分期首付款（D_F）	租賃首付款（D_L）	$P > D_F > D_L$
期末餘值（Residual value）	0	0	租賃品餘值（R）	$R > 0$
利息成本	0	年利率（Annual Percentage Interest Rate, APR）	年利率（Annual Percentage Interest Rate, APR）	APR ≥ 0
每期還款額（regular payments）	0	每期還款額（C_F）	租金（C_L）	$C_F > C_L > 0$
維護成本（對使用者而言）	M_P	M_F	M_L	$M_P = M_F > M_L$
商品所有權（ownership）	有	有	無	—
使用限制	無	無	有	—
超額使用懲罰	無	無	有	—

註：比較結果為通常情況下之情形。

（1）合約期限。全款購買的消費者在付清款項後，整個交易即結束，故而其合約期限為0。分期付款和租賃這兩種合約都會規定一定的合約期限，消費者在此期限內定期支付分期還款金額或租金。具體的合約期限會根據產品性質和買賣雙方的需求而變化。以美國家用汽車消費市場為例，分期付款合約期限大多在24個月和60個月之間，而租賃合約期限大多在36個月和48個月之間。

（2）首期付款額。全款購買首期即需付清商品全價（P），對消費者的資金要求最高。分期付款的首期付款額為第一次的分期金額加上一定的

手續費（D_F），而租賃合約的首期付款額為第一次的租金加上一定的手續費（D_L）。租賃合約的首付款往往小於分期合約的首付款。以美國家用汽車消費市場為例，分期合約的首付款平均占汽車全價的25%左右，而租賃合約的首付款平均只占汽車全價的10%左右。

（3）期末餘值。由於全款購買和分期付款購買的消費者最終都購買了商品的全部使用權以及所有權，賣出方在交易完成後並不佔有商品，也不必關心商品被賣出後的價值變化。而出租方在租期結束後仍具有商品的所有權。因此，出租方在設計租賃合約時就需要估計租期結束後商品的價值，即期末餘值。期末餘值是租賃公司計算租金的重要參考因素。這一要素為租賃合約所獨有。

（4）利息成本。全款購買商品的消費者一次性繳納了所有費用，因此不需要支付利息。而無論是分期付款還是租賃，消費者都需要承擔一定的利息成本。這一利息成本通常由合約規定的年利率（Annual Percentage Interest Rate，APR）確定。

（5）每期還款額。全款購買沒有後續的每期還款要求，而分期付款和租賃兩種方式都需要定期支付一定的還款金額。分期付款的還款金額基於商品全價與首付款之間的差值（$P-D_F$）、分期合約期限（T_F）以及利息成本（APR）等要素。租賃合約的租金則基於商品全價減去首付款和期末餘值（$P-D_L-R$）、租賃合約期限（T_L）以及利息成本（APR）等要素。可以看出，對於分期付款購買商品的消費者，實際融資的金額是商品全價與首付款之間的差值（$P-D_F$），而租賃合約中的消費者實際融資的金額則是商品全價減去首付款和期末餘值後的差值（$P-D_L-R$）。因此，租賃合約每期的租金往往小於分期付款每期的還款額（$C_L<C_F$），對消費者的資金壓力較小。以美國家用汽車消費市場為例，分期付款的定期還款金額往往是汽車租賃租金的2~4倍。

（6）維護成本。無論是全款購買還是分期付款購買，消費者往往需要承擔產品生命週期內所有的維護成本。租賃合約中的消費者只需要承擔產品在租期內的維護成本。此外，大多數產品的維護成本在使用初期較低，隨著使用期限的增長而上升。因此，相對於購買行為，租賃合約中的消費者一般面臨較低的維護成本。

（7）商品所有權。全款購買和分期付款購買商品的消費者將得到商品的所有權，可以對商品進行任意處置。而租賃合約中的消費者只是擁有商品一定期限內的使用權，在租賃合約結束後，承租方歸還商品，所有權仍在出租方手中。

（8）使用限制。在全款購買和分期購買的交易中，賣出方轉讓了商品的所有權，不必關心商品後續價值的變化，因此對消費者使用商品的行為不做出限制。在租賃合約中，出租方到期仍會收回商品。如若商品遭到過度使用從而價值下降過快，出租方的利益將會受到損失。因此，租賃合約往往會對承租方使用商品的次數、頻率等做出限制。例如，汽車租賃合約往往會對消費者一定時間內的行駛里程做出限制。

（9）超額使用懲罰。租賃合約往往會對超出使用限制的行為做出一定的懲罰，以彌補出租方因此受到的損失。例如，汽車租賃合約往往會規定在租期結束後，如果行駛里程超過了合約規定的里程限制，承租方需要向出租方額外支付一筆費用。因此，對於承租方來說，租賃的成本往往也取決於對商品使用頻率或次數的需求。

（三）全款購買、分期付款與租賃三種方案下的使用成本分析

全款購買、分期付款與租賃三種方案在各個屬性上的不同會帶來消費者使用成本的區別。成本是影響效用的重要因素，是消費者決策的重要依據。一般而言，在其他條件相同的情況下，使用成本越低，消費者從商品或服務中得到的效用越高。

下面，我們基於成本比較法，分別分析全款購買、分期付款和租賃三種方案對消費者的影響。通過表4-1可以看出，全款購買的消費者在初期即付出了商品的全部價格，而分期付款合約與租賃合約都規定了首期和合約期內一系列的現金支出。另外，無論是全款購買還是分期付款購買，消費者都獲得了商品的所有權，可以對商品進行任意處置；而租賃合約結束後，消費者並不具有商品的所有權。為了使各類合約更具可比性，我們假設消費者在使用一段時間（時間長度記為T）後會賣掉所擁有的商品，且此商品在T時間的二手市場價格為V_T。

對於全款購買商品的消費者，其在商品使用週期$[0, T]$時間段內現金流支出的現值（NP_P）為：

$$NP_P = P - \frac{1}{(1+k_T)^T} V_T \qquad (4-5)$$

其中，P為全款購買商品支付的全價，V_T為T時間後商品的二手市場價格，k_T為V_T相對應的貼現因子。

對於分期付款的消費者而言，其在商品使用週期$[0, T]$時間段內現金流支出的現值（NP_F）為：

$$NP_F = D_F + \sum_{t=1}^{T_F} \frac{1}{(1+k_t)^t} C_F - \frac{1}{(1+k_T)^T} V_T \qquad (4-6)$$

其中，D_F為分期合約的首付款，T_F為分期合約時長，C_F為每期的還款額，k_t為時間t期還款額所對應的貼現因子，V_T為T時間後商品的二手市場價格，k_T為V_T相對應的貼現因子。

對於租賃合約中的消費者，其在租賃合約期限$[0, T_L]$時間段內現金流支出的現值（NP_L）為：

$$NP_L = D_L + \sum_{t=1}^{T_L} \frac{1}{(1+k_t)^t} C_L \qquad (4-7)$$

其中，D_L為租賃合約的首付款，T_L為租賃合約時長，C_L為每期的租金，k_t為

時間 t 期還款額所對應的貼現因子。由於租賃的消費者在合約結束後並不擁有商品，式（4-7）中沒有出現租賃物的殘餘價值 V_T。

上面的式（4-5）、式（4-6）、式（4-7）計算的是在整個產品使用週期內的總成本的現值。我們可以通過一個年華系數（ρ）將成本分攤到使用的每一年，得到方案 j（j = 全款購買、分期購買或租賃）的年均成本 $\rho\,NP_j$。

此外，上述成本計算公式只考慮了購買價格和每期還款，沒有考慮到產品的定期維護成本（例如汽車的保養和維修成本）和邊際操作成本（例如汽車每千米行駛的油費成本）。我們可以假設方案 j 的年維護成本為 M_j，商品的邊際使用操作為 f_j，年使用頻率為 θ_j，則方案 j 對應的年度總使用成本可以被表示為：

$$cost_j = \rho\,NP_j - M_j - \theta_j f_j \qquad (4\text{-}8)$$

通過觀察上述公式，我們可以分析影響各個方案使用成本的主要因素及其作用方向（假設其他條件不變）：

（1）商品全價（P）：商品全價主要影響全款購買的使用成本，全價越高，使用成本越高。

（2）首付款（D）：首付款越低，分期付款和租賃的使用成本越低。

（3）每期付款額（C）：每期付款額越低，分期付款和租賃的使用成本越低。

（4）貼現因子（k）：貼現因子越高，未來現金的現值越低，分期付款和租賃的使用成本也越低。

（5）商品殘值（V）：商品殘值越大，全款購買和分期購買的消費者最終獲得的所有權價值越高，消費成本越低。

（6）維護成本（M）：維護成本越高，商品的使用成本越高。

（7）邊際操作成本（f）：邊際操作成本越高，商品的總使用成本

越高。

(8) 使用頻率（θ）：商品的使用頻率越高，總使用成本越高。

(四) 全款購買、分期付款與租賃三種方案對應的效用分析

眾所周知，消費者在選擇消費模式的時候，並不僅僅關注使用成本，還會考量每個方案的其他屬性，如商品質量、價格高低、使用便利性等因素。因此，我們在成本之外加入更多影響效用的因素，並假設方案 j 為消費者 h 帶來的效用（u_j^h）可以表示為：

$$u_j^h = \kappa \theta_j + \xi_j^h - cost_j + E_j^h \qquad (4\text{-}9)$$

其中，$\kappa \theta_j$ 代表消費者使用該商品所得到的滿足感。在這裡我們假設滿足感是使用頻率 θ_j 的線性函數，並且使用頻率越高，滿足感越大。以汽車為例，θ_j 可以表示行駛里程，更多的行駛里程往往意味著更大的滿足感。ξ_j^h 是消費者 h 從方案 j 中得到的內在效用（Intrinsic Utility）。例如相比於購買合約，租賃合約可以幫助消費者更方便地實現消費升級的需求，往往具有更高的內在效用。$cost_j$ 代表方案 j 對應的使用成本，成本越高，效用越低。最後，E_j^h 是隨機擾動項，代表不可觀測的消費者異質性。

根據離散選擇理論，當從方案 j 得到的效用大於其他任何合約時，消費者會選擇該方案，即對於任何 $j \neq j'$，若都存在 $u_j^h > u_{j'}^h$，則合約 j 會成為消費者的選擇。

(五) 家庭金融租賃的適用群體分析

通過式（4-5）—（4-9），以及消費者離散選擇理論，我們可以分析適合家庭金融租賃的消費者群體：

(1) 相對於全款購買和分期購買兩種形式，對消費者而言，租賃的期初支出較低（$D_L < D_F < P$），合約期內的現金流支出也相對較少（$C_L < C_F$）。租賃有助於減輕消費者的資金壓力，緩解消費者的流動性約束，可以覆蓋更廣大的客戶群體，釋放更多的居民消費潛力。因此，租賃合約適

合剛工作不久、處於財富累積初期、存在流動性約束的年輕消費群體。

（2）全款購買和分期付款購買的消費者都需要承擔商品在未來二手市場中的價格（V_T）不確定性帶來的風險，而租賃合約中的消費者並不需要擔心這一不確定性。根據風險收益補償理論，V_T的不確定性越大，其所對應的貼現因子（k_T）越高，V_T的現值也會越低；根據式（4-6）可以算出，全款購買和分期付款的購買成本現值（PV）也就越高。一般而言，商品價格的不確定性在早期使用過程中比較大，隨著使用時間的增加會逐漸減少。因此，租賃合約可以降低殘值不確定性，進而促使產品的使用成本減少。這樣租賃就非常適合商品使用時限較短、經常更換商品的消費者，如工作和居住地點不確定性較大的流動人口。

（3）全款購買和分期付款購買的消費者需要承擔商品整個使用週期內（$[0, T]$）的維護成本，而租賃合約中的消費者往往只需要承擔租賃期內（$[0, T_L]$）的維護成本。一般而言，商品的維護成本在使用初期較低，並隨著使用年限的增加而逐漸增加。因此，租賃可以降低消費者對商品的維護成本，為消費者節約現金流，增加其進行其他消費的能力，從而提高消費者的使用效用。

（4）租賃合約往往具有更大的內在效用，即ξ_j^h。例如，在租賃期結束後，消費者可以進行新一輪的租賃，繼續使用原商品或新的升級產品，滿足消費者的高品質消費需求。而全款購買和分期購買商品的消費者，如果在使用初期想要更換或升級消費，需要自行在二手市場處置商品。這無疑增加了消費者處置二手商品、進行消費升級的時間和金錢成本，降低了其內在效用。租賃消費者則不需要花費更多的時間和金錢來處理消費更替後的二手商品，這不但提升了其在產品更新換代時的消費意願，也增強了產品使用後的處置方便度。因此，租賃更適合對產品更新和消費升級有較高要求的人群。

第五章 發展新經濟背景下中國家庭金融租賃發展思路及路徑

第一節 發展中國家庭金融租賃的意義

一、家庭金融租賃對中國居民消費的促進作用

金融租賃基於自身諸多優勢,在國際上是僅次於銀行信貸的第二大融資方式。本節從家庭金融租賃緩解流動性約束、降低家庭槓桿率、促進供給側改革和降低家庭金融風險四個方面論述家庭金融租賃的重要作用。雖然目前金融租賃主要應用於企業層面,多涉及機器設備及固定生產要素的租賃,但我們可以預見,金融租賃的優勢將在經濟新常態下延伸到家庭層面,並為個人消費升級換代和家庭建設提供新的動力。

(一)發展家庭金融租賃有助於緩解家庭流動性約束,加快家庭消費升級的步伐

隨著社會經濟的發展,中國居民的消費升級需求日益強烈,食品和衣

著等生活必需品在總消費中的占比不斷下降，而家用汽車等高檔耐用消費品的消費量不斷上升。然而，目前中國的個人消費信貸市場還處於初級階段，許多消費者必須通過一定時間的儲蓄才能負擔起耐用消費品的費用。近年來分期付款等消費信貸方式的發展對緩解居民流動性約束起到了一定作用。但分期付款首付比例往往較高，對申請人資質審核嚴格，每期還款額較大，不能滿足許多消費者的需求。相比之下，通過租賃的方式，消費者並不需要支付商品的全價獲得所有權，而只需支付商品價值的一部分以得到在一定時間內對商品的使用權。這種消費方式可以極大降低消費者的流動性約束，使消費者較早使用到所需的商品，享受到消費升級的益處。除此以外，家庭金融租賃基於其融資、融物的特有交易方式，可以聚焦交易場景，放寬准入條件，同時還可以降低客戶對商品的購買和處置交易成本。

（二）發展家庭金融租賃有助於降低家庭槓桿率，幫助居民實現多元化的消費需求

住房是民眾的基本生活需求。近年來中國房價的持續上漲，造成居民購房壓力不斷上升，家庭自身儲蓄往往不足以滿足購房需求。購買住房對大多數家庭來說是一項大額支出，會占用家庭大部分儲蓄，並增加家庭負債，推高家庭槓桿率，透支家庭未來收入，從而擠出家庭在其他方面的消費需求。這種現象被稱為住房的「負債效應」。Ogawa和Wan（2007）發現住房負債顯著降低了日本家庭的消費。就中國情況而言，裴育和徐煒鋒（2017）利用最新的家庭微觀調查數據研究發現，住房負債對中國居民的家庭消費也具有較強的擠出效應：在控制了其他相關因素後，家庭住房負債每增加1萬元，家庭消費會被擠出441元。發展家庭金融租賃可以幫助居民轉變住房消費模式，通過租賃的方式，用較少的資金實現住房需求，從而降低家庭負債壓力，釋放家庭資金，實現家庭在住房之外更多元化的

消費需求。

(三)發展家庭金融租賃有助於推進供給側改革,促進中國產業升級,進而推動和引導居民消費升級

中國已經成為全球製造業大國,擁有可觀的供給能力。但同時,中國製造業存在著供求錯配的現象,部分傳統行業產能過剩而新興前沿領域的供給仍然不足,特別是在醫療、養老和健康等領域的有效供給不足。此外,中國的產品總體質量不高,質量監管體系有待完善,消費環境有待提升。有效供給不足的問題抑制了居民的消費意願,是制約中國消費升級的重要因素。家庭金融租賃平臺可以將消費者與生產商有機連接起來,整合多方資源,為消費者提供最值得、最便捷、最省心的租賃服務;同時,促進生產商的成長和發展。首先,通過與租賃公司合作,生產商擴大了銷售規模,提升了市場份額,增加了銷售收入;其次,這也加快了資金回籠、產品的週轉,創造了更多的經濟效益;最後,金融租賃也降低了廠商對客戶的欠款催收,維護了廠商的商業信用,降低了其回款壓力和風險,讓廠商更好地從事產品的生產和研發。同時,家庭金融租賃有助於發現和釋放居民潛在的消費需求。這種需求側的刺激可以助推供給側改革,激勵生產商加大對產品質量和創新的重視,帶來供給側的產業結構甚至是技術的升級。供給側通過技術升級,不斷推出滿足居民各類需要的高質量產品,又可以進一步推動和引導居民的消費升級。

(四)發展家庭金融租賃有助於降低家庭金融風險,促進整個金融行業的健康發展

大力發展家庭金融租賃行業,正是為了拓寬家庭融資渠道,實現家庭金融資產多元化和融資方式多樣化,從而在一定程度上降低家庭乃至整個國民經濟的金融風險。目前銀行仍是最大的融資主體和主要金融信貸提供者,其風險主要體現在以貸款為主的信貸產品上。現金貸等無消費場景的

信貸產品已經成為防範銀行風險的當務之急，而金融租賃融資、融物的特殊交易形態，使其聚焦於真實的消費場景，有助於對客戶詐欺風險的鑑別和資金用途的限定。金融產品多元化、融資手段多樣化，已經成為金融發展的迫切需要。引入金融租賃，銀行就可以從過去直接向個人或家庭發放貸款的債權人變為金融租賃公司的融資資金提供者，而金融租賃公司則成為客戶信用的背書者。因此，金融租賃公司自身強大的商業信用和資金支持就可以降低銀行壞帳率，在一定程度上減緩銀行信貸風險，實現銀行、租賃公司和家庭「三贏」。特別是銀行系的金融租賃公司更是結合了租賃和銀行兩者的優勢，一定程度上減輕了兩種金融方式的不足，能更好地促進中國金融行業的健康發展。

二、家庭金融租賃與普惠金融

世界銀行《全球金融發展報告 2014：普惠金融》指出，普惠金融是指在金融機構成本可負擔的前提下，保證受金融排斥的對象獲得基本的金融服務。現實中，由於金融機構單方面歧視、無抵押物、利率高過支付能力以及金融知識匱乏等多方面原因，很多普通人群、創業群體，特別是農民以及城鎮低收入弱勢群體、中小微企業被排除在金融服務對象之外。

普惠金融缺失，對經濟金融、生產生活、社會穩定的衝擊是全方位的：高利貸泛濫，擾亂金融市場秩序，破壞金融系統穩定性；底層人群、中小企業無法通過金融渠道解決合理的融資需求，其生活和生產都會受到負面的影響；金融排斥導致社會排斥或二元化，影響社會穩定。

2017 年 7 月召開的全國金融工作會議上，習近平總書記首次提出「建設普惠金融體系」，並為中國普惠金融的下一步發展指明了方向。「普」是指人人可得，「惠」是指惠及百姓。黨中央、國務院高度重視發展普惠金融，推動普惠金融，根本目的就是要服務實體經濟、精準扶貧。

中國金融具有明顯的二元結構特徵，即以現代化管理方式經營的大銀行與非銀行金融機構的現代化大金融機構，與以傳統方式經營的錢莊、放債機構、當鋪之類的傳統小金融機構並存。前者多具有雄厚的資本和資金實力，集中於大中城市；後者大都經營規模較小、風險大，在商品經濟中揮發的作用較弱，主要分佈於廣大的農村和經濟落後或偏遠的小城鎮。

二元金融結構下，由於信用信息不對稱和銀行業審慎經營原則等原因，大金融機構不願意做小生意，所以小微企業、農業人口即使自身有迫切的金融需要也很難從傳統金融機構那裡獲得服務。高信用審查門檻和高金融服務成本，使他們成為「金融弱勢群體」。普惠金融體系的建設正是著眼於基層的金融需求，通過大型國有銀行普惠金融事業部、中小銀行、農村商業銀行、信用社，以及與「三農」「小微」關係密切的非銀行金融機構之間的緊密團結，發揮優勢互補的作用；最大限度地改善金融可獲得性、降低融資成本；以可持續的方式，提高金融服務的覆蓋廣度；提高金融資源配置效率，積極引導資金服務實體經濟。

（一）普惠金融與精準扶貧

目前，貧困已經成為國際社會亟待解決的重要問題。精準扶貧是2013年11月習近平總書記到湖南湘西考察時對扶貧工作提出的具體要求。精準扶貧是相對於粗放扶貧而言的，它是指針對不同貧困區域環境、不同貧困農戶狀況，運用科學有效的程序對扶貧對象實施精確識別、精確幫扶、精確管理的治貧方式。實施精準扶貧精準脫貧方略，標誌著中國特色扶貧開發道路實踐的路徑創新，即實現由「大水漫灌」向「精準滴灌」的轉變。普惠金融的廣覆蓋性、可持續性和有償性與精準扶貧高度一致。普惠金融和精準扶貧的結合點就在於金融扶貧，即增強貧困地區、貧困人口金融服務的可獲得性。貧困人口是普惠金融最難到達的地方，也是精準扶貧的難點。無論是普惠金融還是精準扶貧，都將貧困人口作為重點服務對象。通

過優化金融資源配置，創新金融服務方式，激發農村市場活力，營造良好的信用氛圍，有效防範及化解風險，實現普惠金融與精準扶貧的雙發展、雙提升。

中國著名金融學家白欽先教授於1998年提出金融資源學說。他認為金融具有二重性：它既是一種稀缺的戰略性社會資源，也是一種貨幣化的社會資產。金融資源不僅應該納入社會可持續發展函數中，而且從社會屬性來看，金融資源具有配置其他自然和社會資源的功能，即它構成了經濟發展的金融生態環境。具體地說，金融資源分為三個層次：一是基礎性核心金融資源，即通常講的廣義貨幣，是金融資源的最基本層次；二是實體性中間金融資源，包括金融組織體系、工具體系、金融制度和金融人力資源，是金融資源的中間層次；三是整體功能性高層金融資源。白欽先等學者認為，應該首先發揮金融資源的作用以實現經濟和社會的可持續發展。

張保民等在《資源流動與緩貧》一書中指出，從歷史來看，貧困會影響社會穩定、使農業停滯、極大地限制經濟和社會的發展。書中將貧困的成因分為三種類型：自然約束性貧困、資金約束性貧困和知識約束性貧困。其中，資本的缺乏是貧困的主要原因。沒有資本，勞動和技術對經濟的作用受到限制，因此，資本在反貧困中起著至關重要的作用。

黃瀅曉等（2007）結合貧困的成因、金融資源和「貧困惡性循環論」，分析了金融與貧困的關係：在貧困地區，金融資源配置的扭曲，以及金融資源配置錯位導致貧困，貧困又加劇金融資源配置的扭曲，形成經濟發展的惡性循環。具體而言，貧困地區金融資源的扭曲表現在金融人才匱乏、金融機構服務缺位、金融資源配置的非市場和低效率狀態等方面。

2015年9月國務院辦公廳印發了《關於促進金融租賃行業健康發展的指導意見》，支持金融租賃公司為「三農」、中小微企業提供金融租賃服務。2016年的中央一號文件以及《推進普惠金融發展規劃（2016—

2020）》也明確鼓勵金融租賃公司更好地滿足農村家庭和企業的融資需求，依靠靈活的「融資+融物」機制，創新金融服務，激發消費潛力，促進消費升級。習近平總書記在2017年全國金融工作會議上更是強調要推進金融精準扶貧，建設普惠金融體系，加強對「三農」和偏遠地區的金融服務，大力發展新形勢下金融租賃對於中國實體經濟的服務作用。因此，金融租賃公司（即出租人）可按照承租人需求，首先從廠商那裡直接購買承租人所需的耐用品，包括生活耐用品以及生產耐用品。然後，金融租賃公司以租賃的方式把租賃物交給承租人使用。在整個租賃期間，租賃物的所有權歸屬金融租賃公司，承租人只取得租賃物品的使用權，且按期向金融租賃公司支付租金。在非特殊情況下，雙方租賃合約不可以取消。租賃結束以後，承租人可將租賃物退回金融租賃公司，或以較低的產值價格獲取租賃物的所有權。除此以外，如果在租賃期間出現資金風險或者信貸風險，出租人可及時回收租賃物，通過租賃物規避系統風險。金融租賃通過這樣「融物+融資」的方式降低了普通家庭的資金壓力，使其借雞生蛋，生蛋還租，從而達到花小錢、辦大事的目的。這能最終激發起廣大居民的消費意願和能力，提升其生活品質。

（二）家庭金融租賃服務於金融弱勢群體

金融租賃（又稱融資租賃）是融物與融資相結合的新型金融交易形式。它是由出租人根據承租人的請求，按雙方事先約定的合同，由出租人購買資產，出租給承租人並收取費用。出租人擁有該資產的所有權，承租人擁有資產的使用權。家庭金融租賃的出租人通常包括附屬製造廠商的出租人、金融機構類出租人和租賃公司，承租人通常是暫時資金短缺的家庭或者個人，家庭金融租賃的資產是家庭所需的各種形式的資產，比如住房、家裝、家具、家電、汽車等。

從家庭決策的角度看，家庭的金融決策主要包括權衡當前消費和未來

消費的消費與儲蓄決策、投資決策、融資決策和風險管理決策。其中，影響當期消費決策的因素包括家庭結構（如家庭成員數量、年齡等）、家庭當前資產狀況（是否需要購置或更新大件資產，如住房、汽車等）、家庭所處的周圍環境（如親戚和鄰居的消費水準和質量）、家庭的收入和借貸能力以及經濟的宏觀大環境（如預期未來收入、社會保障等）。當前消費和儲蓄之間的分配則受社會保障制度的完善程度、家庭總資產、消費者年齡、預期的未來收入、利率以及金融市場深度等多方面因素的影響。消費的類型也是多種多樣的：按消費對象可以分為有形商品消費和勞務消費，按交易方式可以分為錢貨兩清的消費（即消費靠自我累積）、貸款消費（又稱超前消費）、租賃消費，按消費目的可以分為生存資料消費、發展資料消費、享受資料消費。

從消費者生命週期的角度看，青年與老年人通常消費的占比會更高，中年人消費占比則較低。其中，青年由於具有構建家庭的需求，通常會產生比較高的當期消費需求，主要體現在住房、家電、汽車等方面。同時，青年的資產累積通常不足以支撐過高或時間上過於集中的當期消費，且資產不足將削弱其通過抵押貸款的方式從銀行等金融機構進行融資的能力。所以現實中，雖然青年通常具有較高的未來收入，且有著迫切的將未來收入用於當期消費的跨期配置資源的需求，但是實際操作中卻困難重重。尤其面臨購房這類的大額消費決策，即使其按揭成功，也將在較長時間內負擔很重的還本付息的壓力，不得不擠出在其他方面的消費。例如其從銀行貸款 100 萬元用以購房，按揭 30 年，按照 2018 年 8 月 1 日的基準利率計算，除償還本金外，共會產生 91 萬的利息，平均每月還款金額為 5,300 餘元。如果同時還存在車貸和各種勞務消費，那麼能用於購買有形商品的消費，尤其是像樣的耐用消費品的錢就更少了。所以租賃為青年消費提供了一個可行的金融服務渠道，家庭金融租賃是家庭金融領域的普惠金融創新

實踐。

　　從收入分佈的角度看，許多微觀經濟實證研究發現，低收入者和高收入者在消費上存在著明顯的差異。一方面，低收入人群的邊際消費傾向明顯高於高收入人群。也就是說，同樣的收入增加，相比富人，窮人會把增加的收入更多地用於消費。另一方面，低收入者通常收入增長也很緩慢，未來收入預期不甚樂觀，生活壓力較大。目前，低收入群體主要是城鎮的失業者和農民，雖然近年來收入水準不斷提高，但相對而言，他們仍屬於較貧困階層。目前，他們的消費品需求與供給結構矛盾較少，消費主要集中在滿足生活衣食住行需要的中低檔消費市場。他們也有改善生活環境和提高生活質量的需求，但「想買而缺少錢」制約了其潛在消費的實現。同時，低收入群體根本無財產可抵押，更不要說通過銀行貸款的方式去支撐其購買消費品的需求了。由於金融租賃成本低，辦理速度快，信用要求少，因此它為低收入家庭消費提供了一個可行的金融服務渠道，創新家庭金融領域的普惠金融。

三、家庭金融租賃與流動人口

　　國家衛計委發布的《中國流動人口發展報告 2017》數據顯示，2016 年中國流動人口規模為 2.45 億人，2016 年流動人口在流入地的家庭規模為 2.67 人。雖然近年來，跨省流動趨勢減緩，但是流動人口從規模上依然是中國經濟一個很重要的方面。中山大學人口研究所梁宏教授根據第六次人口普查數據，以廣東省為例，把流動人口的特徵總結為以下幾個方面：第一，流動人口以青壯年勞動年齡人口為主，其中 15～24、25～34、35～44 歲三個年齡段的流動人口比例分別為 28.95%、30.11%、21.76%，遠高於這個年齡段在廣東省總人口中所占的比例。2000—2010 年，廣東省流動人口的年增長率為 2.18%。統計局數據顯示，中國流動人口平均年齡呈持

續上升趨勢，從 2011 年的 27.3 歲升至 2016 年的 29.8 歲。第二，流動人口文化程度以初中以上為主，但流動人口的高中及以上人口比例高於廣東省的總人口中相同學歷的人口比例。第三，流動人口向個別城市集中的程度遠遠高於總人口的集中程度。第四，流動人口中的經濟活動人口（即勞動力）的就業比例高於廣東省的戶籍人口，流動勞動力的失業率低於廣東省的戶籍人口。第五，流動勞動力的職業呈現多元化特徵。以廣東省為例，在過去的十年，國家機關、黨群組織、企事業單位負責人員、專業技術人員、辦事人員和有關人員，以及商業、服務業人員的流動勞動力比例不斷上升，同時農林牧漁水利業生產人員與生產、運輸、設備操作人員及有關人員的流動勞動力比例明顯下降；流動勞動力主要集中在製造業、批發零售業、住宿餐飲業等，合計比例達 82.3%。第六，流動人口的居留時間呈現「兩極分化」的特徵，居留 2 年及以下的流動人口占 46.18%，居留 5 年及以上的流動人口占 24.18%。同時，來自廣東省外的流動人口居留時間較短，在 2 年及以下時間的居留比例高於廣東省內流動人口，而在 5 年及以上時間的又低於廣東省內流動人口，且遷移的主要原因存在著較大的差異。研究結果顯示，社會及家庭因素（如學習培訓、隨遷家屬、投靠親友、婚姻嫁娶等）對廣東省內流動人口潛在的「拉動力」強於對廣東省外流動人口的作用，而廣東省外流動人口的遷移原因則更多為務工經商。

正是由於流動人口的以上特徵，基於流動人口的家庭租賃市場，尤其是房屋租賃市場的規模和潛力巨大。統計局數據顯示，全國就業流動人口的平均月收入由 2011 年的 2,535 元增至 2016 年的 4,503 元，增長了 76.3%。以 2013 年流動人口家庭中租住私房的比例 67.3%為標準，根據中國指數研究院重點城市租金水準估算，2016 年全國戶均年租金（私房租金）為 2.0 萬元，據此測算流動人口帶來的租賃市場規模每年達 1.2 萬億

元。按照《國家新型城鎮化規劃》的進程，2020年中國仍有2億以上的流動人口。據鏈家研究院預測，3~5年後，國內將有約2億人進入租房市場，租金規模將超過1.5萬億元；未來10年，國內租房市場租金交易額將接近3萬億元，租賃人口接近2.3億人。

四、家庭金融租賃與消費升級

消費升級，是結構升級在消費上的具體體現，是指各類消費支出在消費總支出中結構的升級和層次的提高。一方面，消費結構影響總需求，實現消費升級有利於中國擴大內需，與投資互補，發揮消費拉動經濟增長的作用；另一方面，消費結構影響產品的供應結構，消費結構升級能夠帶動供給側的產業結構升級，甚至是技術升級。

改革開放以來，中國先後經歷了三輪消費升級。第一輪是改革開放初期，消費由糧食消費轉向輕工紡織品消費，並帶動了輕紡相關行業的發展；第二輪是20世紀80年代末到20世紀90年代，家電及耐用消費品消費迅速增長，消費增長領域隨後轉向高檔家電，並帶動了電子、鋼鐵、製造業等相關行業的發展；第三輪是當前正在進行的通信、交通出行、教育、娛樂、醫療健康、旅遊等方面的消費升級，並帶動芯片、信息技術、汽車製造等相關行業的發展。

從年齡分佈上來看，消費主力趨於年輕化。國家統計局關於中國消費者信心調查的數據顯示，1990年後出生的新生代消費者消費意願更加強烈，消費占家庭支出的比例較過去增長較大，同時消費的品牌更加分散。除食品飲料，他們的消費意願更多地集中在個人電子產品、家用電器、服飾等方面，且對櫃式空調、電烤箱等高端家電的消費意願強烈。尼爾森科技報告顯示，2017年前三個季度3,500元以上的智能手機的市場份額均高於2,500~3,500元檔次的智能手機的市場份額。

除新生代外，超級消費者也是正在崛起的重要消費力量。超級消費者是指那些對某類產品和某個品牌高度參與、購買較多的顧客。他們對產品的創新和變化非常感興趣，價格並不是其關注重點。他們厭倦了商場裡同質化的商品，更加追求商品的個性化和細緻化，並願意為此支出更多。而金融租賃就是居民和家庭實現消費升級的重要手段之一。隨著互聯網個人徵信的完善，長期困擾租賃行業的押金門檻和信用風險問題已經被解決，更多人將有機會用極低的成本享受高品質生活。同時，中國還可以在金融租賃服務基礎上引入保險服務，切實保障出租人和承租人的利益，做到風險可控。

第二節　發展新經濟背景下家庭金融租賃的發展路徑 ——以住房租賃和汽車租賃為例

目前中國金融租賃業務主要是以售後回租為主，以直租、聯合租賃、委託租賃和混合租賃為輔，國際上較為普遍的業務模式在國內極少出現。換言之，金融租賃重「金融」，輕「租賃」。大部分金融租賃公司盲目追求規模大、效益高、速度快的大宗商業交易，而忽視規模小、週期長、針對個人和家庭的小規模租賃，整個行業業務領域窄，同質化嚴重，且產品種類和業務模式高度集中。同時，由於政策和環境的限制，很多金融租賃公司不願意去嘗試創新，一味追求穩定的利潤回報，打著金融租賃的旗幟走信貸的路，成為影子銀行。

在新常態、新經濟條件下，中國正在實施創新創業、新型城鎮化、互聯網+、生態文明建設、供給側結構性改革等一系列戰略措施，不僅拓寬

了家庭金融租賃的範圍和業務，也為其提供了更多的政策支持和保障，促進了家庭金融租賃的全面發展。因此，未來家庭金融租賃的發展方向主要集中在一個轉變，即由現在點式碎片化金融租賃向鏈式系統化金融租賃轉變，擴展產業的廣度和深度，進而實現金融租賃的多元化、專業化和高級化，打造全新家庭金融生態圈。下面，我們以住房租賃和汽車租賃為例，探討中國家庭金融租賃的發展路徑。

一、中國住房租賃

「居者有其屋」一直是中國民生思想的重要組成部分。黨的十九大報告明確指出「中國社會的主要矛盾已經轉化為人們日益增長的美好生活需要和不平衡不充分的發展之間的矛盾」，而解決這一矛盾的關鍵之一就是十九大報告所部署的「讓全體人民住有所居」的民生工程。習近平總書記在黨的十九大、全國金融工作會議和中央經濟工作會議上三次提出「房子是用來住的，不是用來炒的」，這一定位深刻地影響了廣大老百姓的生活方式，把中國人千百年來的安居夢融入新時代的「中國夢」中。因此，加快建立多主體供應、多渠道保障的機制，開啓了租購並舉住房制度的新時代。

目前，中國住房租賃市場尚處於初級階段，存在規模小、專業化水準低、不規範等諸多問題。住房租賃市場的發展水準還遠未達到為國民提供除了購房之外的體面、舒適的居住選擇的程度。住房租賃市場規模小表現為中國城市家庭戶的住房租賃率偏低，目前，中國大多數省市的城市租賃率都在25%左右。與中國相比較，美國則有較大的租房市場。根據哈佛大學住房研究聯合中心（Joint Center for Housing Studies of Harvard University）的數據，2004年，美國31%的家庭為租房戶。2007年金融危機爆發後，這一比例還有所上升。2012年，美國家庭租房戶的比例為35%。導致美國

家庭租房戶增加的原因，除了金融危機和經濟衰退的影響，許多家庭也意識到擁有住房會承擔很多風險，如由於住房價格下跌而造成的財產損失，以及由於抵押房產贖回權被取消而造成的損失等。相反，租房具有搬遷便利，能更好地使住房支出與家庭預算相適應，租房的房屋維修負擔較小等優點。

同時，大城市的住房租賃率通常高於中小城市。在中國，北京、上海這樣的國際大都市的住房租賃率為40%左右，但這一比例遠低於世界上許多國際大都市的住房租賃率。例如，2008年，紐約家庭自有住宅擁有率為34%（同期全美家庭自有住宅擁有率為67.1%），而租房比率達到66%。在東京，自有住房和租賃住房始終保持著相對穩定的比例關係，2003年東京住宅擁有率達到44.5%；而租房的戶數約占非空置住宅總戶數的一半以上，高於日本全國（日本全國租戶數比例在40%左右），租房比例位居全日本首位。

中國住房租賃市場規模小是市場供給不足和市場需求不足等多種原因造成的。從租賃房供給者看，由於房地產買賣市場的開發經營利潤高於社會平均利潤率，再加上制度安排上缺乏鼓勵建設和供給租賃房的政策，無論是國有還是私有的機構性投資者都很少進入房屋出租市場，住房租賃市場的供給者主要是個人，而不是規模化的房地產租賃企業。例如，根據2010年一項對北京市房東的網絡調查，「副業型」房東（即有正式職業，出租空置住房為副業）約占82%，租賃代理機構（接受業主委託代理私人住宅租賃業務，以賺取差價為目的的房地產經紀業務）約占13%，物業持有機構直租的僅占5%，且以計劃經濟時代遺留的就業單位、房管部門為主，住宅開發商基本沒有直租業務。從租賃房需求方看，由於受「有房才有家」的傳統居住消費觀念和高房價等因素的影響，使得居民偏好購房而不是租房。租房人群主要為進城農民工、剛畢業的大學生和流動性強的白

領人員。不少家庭即使經濟條件不寬裕，也要節衣縮食購買住房，而不是選擇租房。此外，與住房租賃相關的稅收政策不完善，租賃市場管理不規範等也阻礙了住房租賃市場的發展。

大力發展住房租賃市場，為廣大居民提供體面舒適的租賃住房，能使廣大家庭擺脫沉重的購房經濟負擔，擴大居民消費，提高家庭的實際生活水準，拉動國民經濟增長，提高全民經濟的總體福利。在借鑑國外住房租賃市場的較為成熟的經驗的基礎上，我們認為，發展中國住房租賃市場應解決好以下幾方面的問題：

1. 發展住房租賃市場，要鼓勵租賃房的投資和開發

根據國際經驗，適度的稅收等優惠政策能鼓勵開發商和投資者進入住房租賃市場。以德國為例，德國政府對投資者建設用於出租的房屋給予免稅或直接補貼等優惠政策。具體表現為，開發商建設用於出租的房屋的稅收負擔低於建設用於出售的房屋的稅收負擔；對用於出租的住房，稅收政策所規定的折舊率高於普通住房，如規定出租的房屋建築成本在50年內折舊完畢；此外，房屋所有人如果願意將閒置且不符合出租條件的住房通過裝修改善後再出租，即可獲得政府補貼。

中國目前可在結合國情並借鑑國際經驗的基礎上，制定鼓勵租賃房投資和開發的政策，從供給方面對擴大住房租賃市場提供支持。

2. 發展住房租賃市場，要注意保護承租人和出租人雙方的合理合法利益

房屋租賃屬於社會經濟中民事主體之間的協議關係，參與租賃的雙方應遵循平等、自願、公平的原則簽訂和履行租賃合同。然而在現實中，相對於出租人，承租人通常在經濟地位和市場地位等方面都處於劣勢，如果缺乏法規或政策保護，大部分承租人在租賃關係中都會處於弱勢地位。這顯然不利於住房租賃市場規模的擴大。

在保護承租人地位方面，國外住房租賃市場發達的國家有比較成熟的經驗。在美國，為保障和改善承租人的居住環境，避免承租人可能居住於品質低劣的房屋中，自20世紀60年代以來，美國相繼已有40多個州拋棄承租人自慎規則，通過立法或判例確認了不同程度的可居住性默示擔保規則。根據這一規則，即便租賃合同中沒有明確約定，出租人也應當擔保租賃房屋自租賃開始至結束要適合居住。房東若違反可居住性擔保，租戶不僅能以此對抗房東支付租金的要求，還可以據此要求房東返還已付租金並要求賠償。除此以外，為保護承租人在租賃期對住房的佔有權，美國規定承租人對租賃房屋的佔有權具有排他性，任何人，包括出租人，都不能幹擾承租人佔有權的實現。出租人除基於特定目的，如因檢查、修繕房屋或者收取租金以及帶領新租客觀看房屋，可以進入房屋外，其他時間均不能妨礙承租人對房屋的佔有權。為保護承租人的安寧權，美國規定出租人應保證承租人在佔有租賃房屋期間不受任何人的干擾，包括出租人。在合同期滿前，如果出租人需要承租人遷出，至少需提前30天書面通知承租人。

在英國，為了保證承租人在租期結束後能夠收回全部或部分押金，英國規定所有在英格蘭及威爾士的私人住宅業主必須按照房屋條例，在收取租客押金的14天內，就押金的存放做出妥善安排。業主可選擇將押金交由託管計劃管理或購買保險計劃。如果業主未按該規定處理押金並向租客提供相應信息，租客可以向地方法庭提出申請執行令，法院有權要求業主向租客賠償3倍的押金，並喪失向租客收回出租房的權利。同時英國法律規定，租期結束後10天內，房東應將租客交納的押金返還給租客。

保護租賃住房的承租人的合法權益有利於擴大和培育穩定的租賃住房需求方，然而，要建立一個成熟的住房租賃市場，出租人的利益也不應被忽視。在這方面，國際上也有一些經驗可供借鑑。例如，在德國，在保護承租人利益的同時，政府規定承租人在一定條件下要承擔部分房屋維修費

用，對於新簽訂的合同，允許租賃雙方進行議價等。這些措施有效地保護了投資者投資租賃住房的積極性，保證了住房租賃市場的有效供給。

3. 發展住房租賃市場，要完善租賃住房登記備案制度並實行房東執照和房東資格認證制度

中國法規規定房屋租賃當事人雙方在簽訂合同後應在規定期限內辦理登記備案。然而，由於房屋租賃備案登記需要繳納稅費，在現實中住宅租賃的登記備案率很低。同時，根據相關法規，中國房屋租賃合同的性質是諾成合同，住宅租賃合同簽訂後若沒有辦理登記備案，不影響合同的效力。據此，登記備案對當事人而言就失去了硬性約束力。

房屋租賃登記備案的目的是確認雙方的租賃權關係以及租賃基本信息，同時實現對出租房屋的安全、消防、社會治安、稅收徵收等行政管理。房屋租賃登記備案在不同時期發揮了一定作用，因此今後仍有存在的必要。為了更好地執行這一制度，中國需要對現行的一些做法進行改革，如：取消登記收費，將登記備案地點下放；將租賃登記備案與其他便民、利民事項，如開具居住證明、受理流動兒童入學等結合起來，變「管，取」為「服務和給予」。北京市和上海市在租賃房屋登記備案制度上已經開始了一些試點，如上海市的「一站式服務」，北京市的社區基層管理服務站等，這些做法值得借鑑和推廣。

在實行房屋租賃登記備案制度的同時，我們建議實行房東執照制度和房東出租資格認證制度。房東執照制度是要求群租業務房東必須達到某種租賃住房經營的標準才能營業。推行房東出租資格認證制度是為了提高房屋出租的可靠性，讓租客獲得一個有保證的符合標準的居住條件和服務，同時，對房東來說，獲得出租資格認證也是向市場發出他們能提供規範性服務的信息，有助於房東吸引租客。

4. 發展住房租賃市場，要恰當地運用租金管制手段

考察世界上住房租賃市場比較成熟的國家的情況，我們發現，這些國家在不同時期，根據經濟發展的不同情況和住房租賃市場的情況，將租金管制政策作為一種工具對住房租賃市場進行調節。例如在美國，為了控制房租高漲的狀況，美國政府於 1943 年出抬了一系列住宅租賃市場管制法律，租金被凍結在 1942 年的水準，這是第一代租賃管制體制。隨著二戰的結束和戰後重建，20 世紀 50 年代，除紐約州外，其他地方的租金管制政策基本取消。20 世紀 70 年代，經濟衰退和通貨膨脹並存的滯漲局面影響了住房租賃市場，住房租金出現快速上漲，承租人收入增長卻十分有限。這種局面導致第二次租金管制加租金補貼制度的出抬。這一制度規定了出租人每年增加的租金的上限。20 世紀 80 年代，隨著經濟狀況的好轉，以及對租金管制政策的批評的增加，許多州開始廢除租金管制。目前只有加利福尼亞、新澤西、馬里蘭、紐約以及哥倫比亞特區這 5 個州或地區仍然存在租金管制。其中，紐約州自二戰後持續實行租金管制。

在德國，二戰後鑒於住房的極度短缺，德國建立了房租管制制度。各地政府根據區位、房屋結構和質量的不同，制定相應的指導租金水準，作為個體住房出租人和承租人確定住房租金的參考標準。房租管制保障了住房短缺狀況下居民的基本住房條件，但也存在明顯的弊端，即不利於出租市場的發展和住房維修。因而，伴隨著住房供求矛盾的緩解，1960 年起，德國聯邦政府開始有條件地逐步取消租金管制。法令頒布後，房租普遍上漲了 15%～35%。但是，有些大城市住房問題解決得較慢，因而房租限制也被相應延長。如慕尼黑和漢堡直到 1975 年才正式取消管制。

在瑞典，為保護承租人利益，政府實施嚴格的租金控制，出租人不能隨意提高租金。1968 年，為保護租戶不因過高的租金而被迫搬家，瑞典政府實施了租金價格體系，規定每個城市的住房租金水準由當地租戶協會與

市政住房公司通過協商談判的方式確定，確定的租金水準將作為當地私有住房的租金標準。1975年後，瑞典放鬆了租金管制，改行住宅協議租金制，允許出租人與承租者協會參照實際成本談判議定房租水準。然而，政府並沒有完全放棄對住宅租金的管理和控制。雖然房租可以由出租人和承租人協商確定，但有一個被稱為「租金特別法庭」的管理機構對所有租賃協議進行審查和最後確定租金。如果該法庭認為協議租金不合適，可強制其降到同類住宅的一般租金水準。在住房緊張狀況得到緩解以後，瑞典的租金管制體系逐漸被廢止。目前，瑞典住房市場上的租金主要由房東和租房者聯合會協商決定。租金可隨物價和房屋維修費用動態變化，但一般保持在普通家庭稅後收入的25%以下。

根據以上介紹，我們看到，租金管制措施確實能在一定情況下對住房租賃市場起到調節和控製作用。租金管制的目的是保護承租人免於遭受租金不合法上漲帶來的威脅，同時允許出租人獲取合理的利潤。對於一個發展不成熟的住房租賃市場，一定時期和一定條件下的租金管制或許是必不可少的。

5. 發展住房租賃市場，要有一個合理的住房租賃稅收制度與政策

目前中國房屋出租涉及房產稅、城鎮土地使用稅、營業稅、城建稅、教育費附加、印花稅和個人所得稅等多個稅種，各稅種計稅依據不同，給稅收徵管帶來諸多不便，影響了徵納雙方的理解和執行。房屋出租涉及的稅種具有重複性質，如在房屋租賃中存在既徵房產稅又徵營業稅、個人所得稅等重複徵稅的狀況。同時，中國目前房屋租賃領域的稅收優惠主要集中在廉租房、公租房等保障性租賃房和私人出租住宅，對經營機構的出租經營行為，則很少有優惠措施，稅負占租金收入的30%左右。這種稅制安排不利於激勵中小風險意識的投資者進入租賃供給市場，高收益需求投資者更不會涉足住房租賃經營領域。要發展住房租賃市場，需要制定一個減

少重複徵稅、鼓勵投資者進入住房租賃經營領域的稅收制度。

6. 發展住房租賃市場，要鼓勵營利型住房租賃和非營利型住房租賃的共同發展

營利型住房租賃和非營利型住房租賃共存的狀態在許多發達國家都存在。20世紀50年代到20世紀70—80年代是德國社會福利房的大發展時期，到1987年，市場上共有390萬套社會福利房。人們也普遍認為市場上1/3的房子應該是福利房。早期非營利型租賃住房的大規模建設為後來德國完善的住房租賃市場的建立奠定了基礎。在瑞典，住房租賃市場上的住宅由比例大致均等的私人所有的住房與成本型租賃住房公司供給的住房構成。

在中國，隨著經濟的發展，家庭收入差距呈現擴大趨勢。為建立一個穩定和諧的社會，讓低收入家庭也擁有有尊嚴的居住條件，同時滿足高收入家庭對高質量居住條件的需求，有必要同時發展營利型住房租賃市場和非營利型住房租賃市場。根據瑞典等國的經驗，兩種類型的住房租賃市場的存在和互動競爭能起到調節租金水準的作用，最終使住房租金達到非營利型住房租金反應住房建設經營成本，營利型住房租金反應住房質量溢價的均衡水準。

二、汽車金融租賃

發展中國汽車融資租賃，是適應汽車市場供需情況的一項實踐。如前文所述，隨著中國經濟的快速發展，中國家庭年均可支配收入顯著增加，因此，汽車市場上有巨大的需求。全球經濟統計數據顯示，2005年中國的在用汽車存量為3,159.7萬輛，2013年達到12,670.1萬輛，年均增長率為19.0%，遠超同期美國（0.8%）、印度（11.7%）、巴西（7.0%）和全球（3.6%）的年均增速。但是從平均保有量來看，截至2014年年末中國

的民用汽車人均保有量達到105.83輛/千人，戶均保有量約為35輛/百戶，這與美國超過200輛/百戶和歐洲一些發達國家超過150輛/百戶的水準還有很大差距，中國的汽車消費市場還有一定的潛力和空間。（魏杰 等，2016）。除此以外，中國的汽車生產和銷售在世界上一直處於領先地位，汽車製造商的生產能力也在擴大。然而，生產能力的擴大也意味著潛在的生產能力過剩和汽車行業就業減少。開展汽車融資租賃有助於緩解汽車行業產能過剩的問題。

同時，近十幾年來，中國在公路網等基礎設施建設方面取得顯著成績。根據交通部的數據，截至2012年年底，中國公路總里程為4,237,500千米，比上年增加131,100千米，道路密度為44.14千米/100平方千米，全國高速公路里程達到96,200千米，比上年增加11,300千米。與城市一樣，農村地區的交通條件也有很大改善。到2012年年底，農村的公路，包括縣、鎮、村的公路，總里程為3,687,400千米，比上年增加114,400千米。與此同時，中國的交通管理系統運行良好。基礎設施的改善進一步增強了居民對汽車的需求，發展汽車融資租賃是滿足居民日益增加的對汽車的需求的重要方式之一。

（一）汽車融資租賃的比較優勢

目前在中國，汽車融資主要以汽車貸款融資為主，汽車租賃融資僅佔有很小的市場份額。在美國和歐洲一些發展成熟的市場中，汽車融資銷售占汽車銷售總額的83%。實際上，與汽車貸款融資相比，汽車租賃融資具有一些明顯的比較優勢：

1. 汽車租賃融資有助於降低所有權成本

汽車融資租賃合同與汽車貸款合同的一個主要的區別是，在合同期末，承租人可以選擇是否擁有汽車，而借款人在合同期初就獲得汽車的所有權，因此在合同期末借款人沒有這項選擇權。這意味著，汽車租賃合同

使承租人擁有分散所有權風險的比較優勢。所謂所有權風險，指的是汽車款式過時、折舊、意外丟失以及殘值風險等。租賃公司通過合約期末的所有權安排，幫助承租人在資產購買階段、使用階段和置換階段分散所有權風險。

2. 汽車租賃融資有助於減少交易成本

與購買汽車（包括貸款購買汽車）相關的另一項費用是交易費用。它包括搜尋費用、討價還價費用、合同簽訂費用、汽車牌照登記費用等。汽車租賃企業通常擁有大量可供消費者選擇，且與汽車購買使用相關的服務，這可以減少消費者的交易成本。

3. 汽車租賃融資有助於降低汽車維護、使用和更新成本

在汽車使用期間，會產生汽車維護成本、營運成本和更新成本。對汽車的維護包括定期維護檢查、全面檢查和臨時維護等。汽車租賃公司在長期的租賃活動中能累積汽車維護維修的經驗，這使它們能提供廣泛的維護維修服務，進而節省維護維修費用，最大化消費者利益。汽車的使用成本是指減去維護維修成本後與汽車使用有關的成本，如違章罰款成本、與駕駛員有關的成本、汽車管理成本等。汽車租賃公司通過提供安全計劃、駕駛員培訓計劃等能降低汽車使用成本。此外，國外研究表明，消費者通常希望有駕駛不同類型汽車的經驗並能從更換汽車中獲得滿足感。由於汽車租賃企業有大量汽車可供租賃，並且有大量的消費者群體，因此，租賃公司能在租賃合同的中後期為消費者提供更換汽車的機會。隨著汽車技術的快速發展，汽車的外觀和功能更新會加速，汽車價格的下降也會很快。因此，汽車租賃公司能使消費者更經濟便利地使用最新型的汽車。由於汽車租賃融資具有這些比較優勢，在美國和歐洲一些汽車融資租賃發達的國家，高收入人群通常比低收入人群更多地使用汽車融資租賃。

4. 汽車融資租賃有助於降低汽車殘值處理成本和效率損失

出售舊車的成本主要是汽車殘值的處理成本。在舊車出售階段，買賣雙方將對汽車估值，這是一個較長的過程且會產生一些費用。目前中國由於缺少大規模的舊車市場，對舊車的評估系統還不健全，因此會存在效率損失。汽車租賃企業由於處理舊車買賣的量很大，因此在舊車殘值估計和處理方面擁有更多的經驗，這有助於減少殘值處理成本，降低舊車市場的效率損失。

(二) 發展汽車融資租賃的對策建議

1. 發展汽車融資租賃市場，需要建立一套完善的法律法規

一套完善的法律法規對於發展汽車融資租賃是至關重要的。這是因為，汽車融資租賃中涉及出租人和承租人的多方面權利關係，只有通過完善的法律法規，才能保證出租人和承租人的權益不受損害，使融資租賃關係得以維持並發展。具體而言，在法律法規中應保證出租人對出租物的所有權。所有權的安全性是消除信貸風險的最有效方法。汽車租賃合同中明確規定，出租的交通工具的所有權屬於出租方；在出租期間，承租人應保證出租物的完整性和安全性。但是，在融資租賃中，由於被出租資產的所有者和使用者是分離的，承租人對出租物的佔有通常造成所有權不清晰。例如，承租方在沒有得到出租公司允許的情況下將交通工具的使用權轉給第三方；當承租人嚴重違反出租合同時，出租人召回出租物的權利得不到保證；在出租期間，第三方對出租物造成損害；承租人在承租期間發生交通事故等。法律法規的制定應盡可能考慮到各種造成利益糾紛的情況，保護出租人和承租人的合理合法權利。

2. 發展汽車融資租賃市場，需要建立一個完善的信用評估系統

由於汽車租賃業務本質上是一種消費信貸，它對信用保障的要求很高。目前中國在汽車租賃領域還缺乏一個有效的信用評估體系，並且汽車

融資租賃企業無法進入中央銀行的信用系統，全面瞭解承租人的信用狀況。由於對承租人進行信用評估的數據不充分，出租人對承租人的信用評估主要是基於邏輯和主觀評估，在這種情況下，汽車租賃的風險很難控制。因此要發展汽車融資租賃市場，需要建立一個完善的信用評估系統。同時，發展汽車融資租賃市場，也應鼓勵第三方信用評級機構的參與。在第三方信用評級機構評估承租方的信用可靠度的基礎上，汽車租賃公司根據承租人的信用風險制定租金。這有助於避免租賃市場上由於信息不對稱而造成的「逆向選擇」現象並提高租賃市場的效率。

3. 發展汽車融資租賃市場，需要擴大租賃公司的融資渠道

由於需要購買汽車和開展市場行銷，從事汽車租賃業務需要大量的資金投入。由於大多數租賃合同期限較長，導致租賃投資的回報期也比較長。在這種情況下，獲取低成本的融資對租賃公司至關重要。目前，國內汽車租賃公司主要通過股權融資和金融機構貸款獲得資金，但這兩種融資方式並不能完全滿足租賃公司的資金需求，因此有必要開發新的融資工具。對汽車租賃公司而言，資產證券化是一種較好的融資方式。這是因為，汽車融資公司的資產——汽車是一種用途大且變現力強的資產，這為汽車融資公司使用資產證券化方式融資提供了很好的基礎。在美國，從1996至2010年，以汽車為基礎的資產證券化融資一直處於全部資產證券化融資的前4位。並且在2008年的金融危機中，汽車資產證券化融資沒有受到很大衝擊，其違約率低於其他資產證券化融資的違約率。在成熟的汽車融資租賃市場上，除資產證券化外，發行公司債也是一種重要的融資方式。在中國，公司債券市場規模還很小。隨著中國利率市場化的推進和債券市場的發展，公司債券融資有望成為汽車融資租賃公司的主要融資方式之一。

參考文獻

[1] 王豫川. 金融租賃導論 [M]. 北京：北京大學出版社，1997.

[2] 張晉藩. 中國法制史 [M]. 北京：群眾出版社，1982.

[3] CLARK. 租賃 [M]. 羅真瑞，李增德，湯秀珍，譯. 北京：中國物資出版社，1984.

[4] 宋麗麗. 國際融資租賃法律問題研究 [D]. 大連：大連海事大學，2007.

[5] 陳薇. 中國會計準則與國際會計準則關於融資租賃的比較 [J]. 中國經貿，2017（9）：163-182.

[6] 馬麗娟. 信託與融資租賃 [M]. 3版. 北京：首都經濟貿易大學出版社，2016.

[7] 毛中根，洪濤. 從生產大國到消費大國：現狀、機制與政策 [J]. 南京大學學報（哲學·人文科學·社會科學），2011，48（3）：20-30.

[8] THEIL H, FINKE R. The consumer's demand fordiversity [J]. European Economic Review, 1983, 23（3）：395-400.

[9] 陳劭鋒，馬建新. 居民消費結構演變的國際比較分析 [J]. 科技促進發展，2017（10）：818-825.

[10] 樊瀟彥，袁志剛，萬廣華. 收入風險對居民耐用品消費的影響 [J]. 經濟研究，2007（4）：124-136.

[11] 王端. 下崗風險與消費需求 [J]. 經濟研究，2000（2）：72-76.

[12] 駱祚炎. 住房支出、住房價格、財富效應與居民消費增長——兼論貨幣政策對資產價格波動的關注 [J]. 財經科學，2010（5）：31-38.

[13] 楊汝岱，陳斌開. 高等教育改革、預防性儲蓄與居民消費行為 [J]. 經濟研究，2009（8）：113-124.

[14] 何興強，史衛. 健康風險與城鎮居民家庭消費 [J]. 經濟研究，2014（5）：34-48.

[15] 姜百臣，馬少華，孫明華. 社會保障對農村居民消費行為的影響機制分析 [J]. 中國農村經濟，2010（11）：32-39.

[16] 劉子蘭，陳夢真. 養老保險與居民消費關係研究進展 [J]. 經濟學動態，2010（1）：102-105.

[17] 陳斌開，楊汝岱. 土地供給、住房價格與中國城鎮居民儲蓄 [J]. 經濟研究，2013（1）：110-122.

[18] 田國強，黃曉東，寧磊，等. 警惕家庭債務危機及其可能引發的系統性金融風險 [R]. 上海：上海財經大學高等研究院，2018.

[19] 萬廣華，張茵，牛建高. 流動性約束、不確定性與中國居民消費 [J]. 經濟研究，2001（11）：35-94.

[20] 杜海韜，鄧翔. 流動性約束和不確定性狀態下的預防性儲蓄研究——中國城鄉居民的消費特徵分析 [J]. 經濟學（季刊），2005，4（1）：297-316.

[21] 張繼海，臧旭恒. 壽命不確定與流動性約束下的居民消費和儲蓄行為研究 [J]. 經濟學動態，2008（2）：41-46.

[22] 方福前. 中國居民消費需求不足原因研究——基於中國城鄉分省

數據 [J]. 中國經濟學前沿, 2009 (4): 68-82.

[23] 張全紅. 中國低消費率問題探究——1992—2005 年中國資金流量表的分析 [J]. 財貿經濟, 2009 (10): 10-15.

[24] 婁峰, 李雪松. 中國城鎮居民消費需求的動態實證分析 [J]. 中國社會科學, 2009 (3): 109-115.

[25] 吳振球, 祝正芳, 謝香. 中國收入分配差距結構、經濟景氣波動與居民消費需求 [J]. 宏觀經濟研究, 2010 (6): 39-43.

[26] 吳曉明, 吳棟. 中國城鎮居民平均消費傾向與收入分配狀況關係的實證研究 [J]. 數量經濟技術經濟研究, 2007, 24 (5): 22-32.

[27] 曾國安, 胡晶晶. 論 20 世紀 70 年代末以來中國城鄉居民收入差距的變化及其對城鄉居民消費水準的影響 [J]. 經濟評論, 2008 (1): 45-54.

[28] KEYNES J M. The General Theory of Employment, Interest and Money [M]. Macmillan: Cambridge University Press, 1936.

[29] 方福前, 俞劍. 居民消費理論的演進與經驗事實 [J]. 經濟學動態, 2014 (3): 11-34.

[30] 趙斌, 孫麗麗. 消費行為理論述評 [J]. 經濟學動態, 2009 (7): 86-89.

[31] DUESENBERRY J S. Income-consumption relations and theirimplications [J]. Income, employment and Public Policy, 1948 (1): 54-81.

[32] FRIEDMAN M. The Permanent Income Hypothesis: A Theory of the Consumption Function [M]. New Jersey: Princeton University Press, 1957.

[33] MODIGLIANI F, BRUMBERG R. Utility Analysis and the ConsumptionFunction [M]. New Brunswick, N. J.: Rutgers University Press, 1954.

[34] MODIGLIANI F, ANDO A. Tests of the Life-Cycle Hypothesis of

Savings [J]. Bulletin of the Oxford University Institute of Economics and Statistics, 1957 (19): 99-124.

[35] ANDO A, MODLIGLIANI F. The Life-Cycle Hypothesis of Saving: Aggregate Implications and Tests [J]. American Economic Review, 1963 (53): 55-84.

[36] HALL R E. Stochastic Implications of the Life Cycle-Permanent Income Hypothesis: Theory and Evidence [J]. Journal of Political Economy, 1978, 86 (6): 971-987.

[37] LELAND H E. Saving and Uncertainty: The Precautionary Demand forSaving [J]. Quarterly Journal of Economics, 1968, 82 (3): 465-473.

[38] WEIL P. Precautionary Savings and the Permanent Income Hypothesis [J]. The Review of Economic Studies, 1993, 60 (2): 367-383.

[39] ZELDES S P. Consumption and Liquidity Constraints: An Empirical Investigation [J]. Journal of Political Economy, 1989, 97 (2): 305-346.

[40] DEATON A. Saving and Liquidity Constraints [J]. Econometrica, 1991, 59 (5): 1221-1248.

[41] 馬伯鈞, 康紅燕. 行為消費理論述評 [J]. 湖南師範大學社會科學學報, 2013, 42 (3): 101-107.

[42] KAHNEMAN D, KNETSCH J L, THALER R H. Fairness and the Assumptions of Economics [J]. The Journal of Business, 1986, 59 (4): 285-300.

[43] SHEFRIN H, THALER R H. The Behavioral Life-Cycle Hypothesis [J]. Economic Inquiry, 1988, 26 (4): 609-643.

[44] HOLCOMB J H, NELSON P S. Another Experimental Look at Individual Time Preference [J]. Rationality and Society, 1992, 4 (2): 199-220.

[45] LAIBSON D. Life-cycle Consumption and Hyperbolic Discountfunction [J]. European Economic Review, 1998 (5): 861-871.

[46] LOEWENSTEIN G, ODONOGHUE T, RABIN M. Projection Bias in Predicting Future Utility [J]. Quarterly Journal of Economics, 2003, 118 (4): 1209-1248.

[47] 馬克思. 雇傭勞動與資本 [M]. 北京：人民出版社, 1961.

[48] 羅丹, 趙冬緩. 農民基本需求性消費與非基本需求性消費結構分析——以京郊農民消費為例 [J]. 中國農村經濟, 2001 (6): 39-44.

[49] 李培林, 張翼. 消費分層：啓動經濟的一個重要視點 [J]. 中國社會科學, 2000 (1): 52-61.

[50] STONE R. Linear Expenditure System and Demand Analysis: An Application to the Pattern of British Demand [J]. The Economic Journal, 1954, 64 (255): 511-527.

[51] LLUCH C, WILLIAMS R A. Consumer Demand Systems and Aggregate Consumption in the U. S. A.: An Application of the Extended Linear Expenditure System [J]. Canadian Journal of Economics, 1975, 8 (1): 49-66.

[52] DEATON A, MUELLBAUER J. An Almost Ideal Demand System [J]. The American Economic Review, 1980, 70 (3): 312-326.

[53] BANKS J, BLUNDELL R, LEWBEL A. Quadratic Engel Curves and Consumer Demand [J]. The Review of Economics and Statistics, 1997, 79 (4): 527-539.

[54] POI B P. Three Essays in Applied Econometrics [M]. Michigan: University of Michigan Press, 2002.

[55] 黃衛挺. 居民消費升級的理論與現實研究 [J]. 科學發展, 2013 (3): 43-52.

［56］麥克勞.現代資本主義：三次工業革命中的成功者［M］.南京：江蘇人民出版社，2006.

［57］張穎.漸顯的光芒：中國融資租賃發展理論基礎與實踐創新［M］.北京：中國金融出版社，2017.

［58］SCHUMPETER J A. The Nature and Necessity of A Price System［M］. New York：McGraw-Hill Press，1934.

［59］FREIXAS X，J C ROCHET. Microeconomic of Banking［M］. Cambridge：MIT Press，1997.

［60］BENSTON G J，SMITH CLIFFORD W J R. A Transactions Cost Approach to the Theory of Financial Intermediation［J］. Journal of Finance，1976，31（2）：215-231.

［61］MICHAEL BRADLEY，GREGG A JARRELL，E HAN KIM. On the Existence of an Optimal Capital Structure：Theory and Evidence［J］. Journal of Finance，1984（7）：857-878.

［62］MICHAEL J BARCLAY，SMITH CLIFFORD W J R. The Maturity Structure of Corporate Debt［J］. Journal of Finance，1995（6）：609-631.

［63］JAMES ANG，PAMELA P PETERSON. The Leasing Puzzle［J］. Journal of Finance，1984（9）：1055-1065.

［64］ANDREA L EISFELDT，ADRIANO A RAMPINI. New or Used? Investment with Credit Constraints［J］. Journal of Monetary Economics，2007（54）：2656-2681.

［65］ALLEN N BERGER，GREGORY F UDELL. A More Complete Conceptual Framework for SME Finance［J］. Journal of Banking and Finance，2006（11）：2945-2966.

［66］CULL ROBERT LANCE E DAVIS，NAOMI R LAMOREAUX，

JEAN LAURENT ROSENTHAL. Historical Financing of Small and Medium-Size Enterprises [J]. Journal of Banking and Finance, 2006, 30 (11): 3017-3042.

[67] 宮內義彥. 租賃 [M]. 北京: 中國金融出版社, 1990.

[68] 郭薇. 融資租賃在企業融資中的優勢分析 [J]. 管理觀察, 2009 (11): 66-67.

[69] 李明亮, 劉文歌. 船舶融資租賃淺析 [J]. 中國水運, 2005 (11): 38.

[70] 羅曉春. 引入行業企業文化提升高職軟實力 [J]. 中小企業管理與科技, 2012 (7): 265-266.

[71] 沙泉. 融資租賃在中國 [J]. 印刷雜誌, 2010 (3): 1-5.

[72] 屈延凱. 發展廠商融資租賃業的探討 [J]. 財政研究, 2000 (6): 54-56.

[73] 史燕平. 關於中國融資租賃的反思及其在後 WTO 金融業中的重構 [J]. 會計師, 2007 (10): 4-10.

[74] 王涵生. 金融租賃國際比較研究 [D]. 保定: 河北大學, 2010.

[75] 劉通午, 陰寶榮, 羅安邦. 濱海新區融資租賃及其宏觀經濟效應分析 [J]. 華北金融, 2012 (9): 16-21.

[76] 朱偉隆. 融資租賃對實體經濟作用效果的探討 [J]. 現代商貿工業, 2018 (14): 132-133.

[77] 吳翔華, 徐培, 陳宇欽. 外來務工人員住房租購選擇的實證分析 [J]. 統計觀察, 2018 (14): 99-102.

[78] HENDERSON, IOANNIDES. A Model of Housing Tenure Choice [J]. American Economic Review, 1983 (2): 98-113.

[79] BOURASSA S. Immigration and Housing Tenure Choice in Australia

[J]. Journal of Housing Research, 1995, 5 (1): 117-137.

[80] 王輝龍, 王先柱. 房價、房租與居民的買租選擇: 理論分析與實證檢驗 [J]. 現代經濟探討, 2011 (6): 25-29.

[81] PATRICK T. A proposed Procedure for Facilitating the Analysis of Lease - Purchase Decisions by Consumers [J]. Journal of Consumer Affairs, 1984, 18 (2): 355-365.

[82] SCERBINSKI S. Cash Purchase, Finance, or Lease of an Automobile? Financial Models Designed to Provide the Answer [J]. Tax Notes, 1988 (4): 519-521.

[83] NUNNALLY H J, PLATH D A. Leasing Versus Borrowing: Evaluating Alternative Forms of Consumer Credit [J]. Journal of Consumer Affairs, 1989, 23 (2): 383-392.

[84] MILLER S E. Economics of Automobile Leasing: The Call Option Value [J]. Journal of Consumer Affairs, 1995, 29 (1): 199-218.

[85] DASGUPTA S, SIDDARTH S, SILVARISSO J M. To Lease or to Buy? A structural Model of a Consumer's Vehicle and Contract Choice Decisions [J]. Journal of Marketing Research, 2007, 44 (3): 490-502.

[86] OGAWA, WAN. Household Debt and Consumption: A Quantitative Analysis Based on Household Micro Data for Japan [J]. Journal of Housing Economics, 2007 (6): 127-142.

[87] 裴育, 徐煒鋒. 中國家庭房產財富與家庭消費——基於CFPS數據的實證分析 [J]. 審計與經濟研究, 2017, 32 (4): 93-104.

[88] 世界銀行. 全球金融發展報告2014: 普惠金融 [M]. 北京: 中國財政經濟出版社, 2015.

[89] 張保民. 資源流動與緩貧 [M]. 太原: 山西經濟出版社, 1997.

[90] 黃瀅曉, 汪慧玲. 金融資源配置扭曲與貧困關係研究 [J]. 貴州社會科學, 2007 (12): 83-86.

[91] 梁宏. 廣東省流動人口的特徵及其變化 [J]. 人口與發展, 2013, 19 (4): 46-53.

[92] 魏杰, 汪浩. 新常態下保持中高速增長的原因分析——兼論「十三五」時期中國經濟增長目標 [J]. 社會科學戰線, 2016 (10): 40-49.

國家圖書館出版品預行編目（CIP）資料

中國家庭金融租賃研究 / 甘梨, 王紹文 主編. -- 第一版.
-- 臺北市：財經錢線文化, 2019.10
　　面；　公分
POD版

ISBN 978-957-680-369-7(平裝)

1.融資租賃 2.中國

584.385　　　　　　　　　　　　　　　　108016512

書　　名：中國家庭金融租賃研究
作　　者：甘梨、王紹文 主編
發 行 人：黃振庭
出 版 者：財經錢線文化事業有限公司
發 行 者：財經錢線文化事業有限公司
E - m a i l：sonbookservice@gmail.com
粉 絲 頁：　　　　　　網　址：
地　　址：台北市中正區重慶南路一段六十一號八樓 815 室
8F.-815, No.61, Sec. 1, Chongqing S. Rd., Zhongzheng Dist., Taipei City 100, Taiwan (R.O.C.)
電　　話：(02)2370-3310　傳　真：(02) 2370-3210

總 經 銷：紅螞蟻圖書有限公司
地　　址：台北市內湖區舊宗路二段 121 巷 19 號
電　　話：02-2795-3656 傳真:02-2795-4100　網址：
印　　刷：京峯彩色印刷有限公司（京峰數位）
　本書版權為西南財經出版社所有授權崧博出版事業股份有限公司獨家發行電子書及繁體書繁體字版。若有其他相關權利及授權需求請與本公司聯繫。

定　　價：250元
發行日期：2019 年 10 月第一版
◎ 本書以 POD 印製發行